Kauderwelsch
Band 158

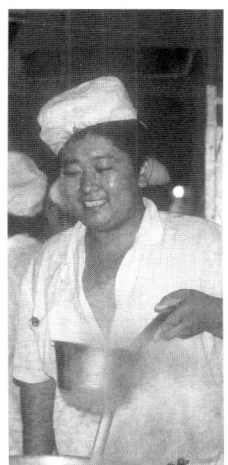

Impressum

Françoise Hauser & Katharina Sommer
Chinesisch kulinarisch — Wort für Wort
erschienen im
REISE KNOW-HOW Verlag Peter Rump GmbH
Osnabrücker Str. 79, D-33649 Bielefeld
info@reise-know-how.de

Bearbeitung & Layout	Elfi H. M. Gilissen
Layout-Konzept	Günter Pawlak, FaktorZwo! Bielefeld
Umschlag	Peter Rump (Titelfoto: Hongkong Tourist Board)
Kartographie	Françoise Hauser
Fotos	S. 1, 8, 26, 28, 33, 35, 39, 55, 78, 103, 106, 115, 117:
	Katharina Sommer
	S. 17, 25, 61, 97, 99: Françoise Hauser
	S. 43, 51, 58, 83: Hongkong Tourist Board
Druck und Bindung	Fuldaer Verlagsagentur, Fulda

ISBN 3-89416-779-3
Printed in Germany

Dieses Buch ist erhältlich in jeder Buchhandlung der BRD,
Österreichs, der Schweiz und der Benelux. Bitte informieren Sie
Ihren Buchhändler über folgende Bezugsadressen:

BRD — Prolit GmbH, Postfach 9, 35461 Fernwald (Annerod)
sowie alle Barsortimente
Schweiz — AVA-buch 2000, Postfach 27, CH-8910 Affoltern
Österreich — Mohr Morawa Buchvertrieb GmbH,
Sulzengasse 2, A-1230 Wien
Belgien & Niederlande — Willems Adventure, Postbus 403, NL-3140 AK Maasluis
direkt — Wer im Buchhandel kein Glück hat, bekommt unsere Bücher zuzüg-
lich Porto- und Verpackungskosten auch direkt beim
Rump Direktversand, Heidekampstraße 18, D-49809 Lingen
oder unseren Internet-Shop: **www.reise-know-how.de**
Zu diesem Buch ist ein **Tonträger** erhältlich, ebenfalls in jeder
Buchhandlung der BRD, Österreichs, der Schweiz und der Benelux.
Der Verlag möchte die **Reihe Kauderwelsch**
weiter ausbauen und **sucht Autoren**!
Mehr Informationen finden Sie auf unserer Internetseite
**www.reise-know-how.de/
buecher/special/schreiblust-inhalt.html**

Kauderwelsch

Françoise Hauser
&
Katharina Sommer

Chinesisch kulinarisch
Wort für Wort

REISE KNOW-HOW
im Internet
www.reise-know-how.de
info@reise-know-how.de

*Aktuelle Reisetipps
und Neuigkeiten,
Ergänzungen nach
Redaktionsschluss,
Büchershop und
Sonderangebote
rund ums Reisen*

Die
REISE KNOW-HOW Verlag
Peter Rump GmbH
ist Mitglied der
Verlagsgruppe REISE KNOW-HOW

Kauderwelsch-kulinarisch-Sprechführer sind anders!

Warum? Die Kauderwelsch „kulinarisch"-Reihe vermittelt den Zugang zur Sprache über den Appetit: speziell geschrieben für die Feinschmecker & Leckermäuler unter den Reisenden, die ein Land und seine Menschen wirklich kennen lernen wollen – und was wäre ein besserer Ort dafür als die Küche? Hier kann man genießen und lernen: Was gibt es alles zu essen? Was und wie essen die Einheimischen? Wie benehme ich mich im Restaurant? Worauf sollte ich achten? Was ist im Reiseland anders als bei uns? Achtung Fettnäpfchen! Wer im Urlaub landestypisch einkaufen & essen will, braucht die richtigen Sprachkenntnisse.

Wie wird das gemacht? Abgesehen von dem, was jedes Sprachbuch bietet, nämlich Vokabeln, Beispielsätze etc., zeichnen sich die Bände der Kauderwelsch-Reihe durch folgende Besonderheiten aus:

Die **Grammatik** wird in einfacher Sprache so weit erklärt, dass es möglich wird, ohne viel Paukerei mit dem Sprechen zu beginnen, wenn auch nicht gerade druckreif.

Alle Beispielsätze werden doppelt ins Deutsche übertragen: zum einen **Wort-für-Wort**, zum anderen in „ordentliches" Hochdeutsch. So wird das fremde Sprachsystem sehr gut durchschaubar. Denn in einer fremden Sprache unterscheiden sich z. B. Satzbau und Ausdrucksweise recht stark vom Deutschen. Ohne diese Übersetzungsart ist es so gut wie unmöglich, schnell einzelne Wörter in einem Satz auszutauschen.

Besonders wichtig sind im Reiseland **Körpersprache, Gesten, Zeichen** und **Verhaltensregeln**, ohne die auch Sprachkundige kaum mit Menschen in guten Kontakt kommen. In allen Bänden der Kauderwelsch-Reihe wird darum besonders auf diese Art der nonverbalen Kommunikation eingegangen.

Kauderwelsch-Sprechführer sind keine Lehrbücher, aber viel mehr als Sprachführer! Wenn Sie ein wenig Zeit investieren und einige Vokabeln lernen, werden Sie mit ihrer Hilfe in kürzester Zeit schon Informationen bekommen und Erfahrungen machen, die „taubstummen" Reisenden verborgen bleiben.

Inhalt

Inhalt

Kurz-Grammatik & Anhang

Vorwort

Sich völlig entspannt den chinesischen Kochkünsten hinzugeben, gelingt nur wenigen Reisenden. Schließlich weiß jedes Kind, dass die Küchenmeister im Reich der Mitte gerne mit Zutaten arbeiten, die nach westlichem Geschmack ganz und gar nicht auf den Teller gehören. Oder?

Gegen derartige Vorurteile gibt es nur ein Gegenmittel: Raus aus dem Hotelrestaurant und ab auf die Straße! Wer von den Gerichten der chinesischen Alltagsküche gekostet hat, wird sich schnell vom Gegenteil überzeugen lassen. Sprachliche Verständigungsschwierigkeiten sind zwar hin- und wieder zu erwarten aber keinesfalls zu fürchten: Für jeden Restaurant-Besitzer wird es eine Ehrenfrage sein, den fremden Gast erst pappsatt wieder zu verabschieden.

Wer erst einmal auf bekanntem Terrain beginnen möchte, findet in diesem Führer eine Reihe gängiger Gerichte, die in fast jedem Lokal Chinas auf der Speisekarte stehen und sich per Fingerzeig bestellen lassen. Experimentierfreudige Gourmets werden allerdings feststellen, dass sich mit der „Kurzanleitung" auch ohne Chinesisch-Kenntnisse große Teile der chinesischen Speisekarte entschlüsseln lassen. Viel Spaß dabei!

Françoise Hauser & Katharina Sommer

Wie das Buch funktioniert

Der Kauderwelsch Sprachführer „Chinesisch kulinarisch" besteht im Wesentlichen aus drei Teilen:

Kulinarisches China

Der erste Teil beinhaltet das gesamte kulinarische Vokabular rund ums Essen und Trinken, damit Sie Ihren Vorstellungen entsprechend die gewünschten Speisen oder Getränke auf den chinesischen Speisekarten wiederfinden, oder durch einfaches Daraufzeigen bestellen können. So kann auch der absolute Laie in China in den Genuss der kulinarischen Vielfalt kommen, ohne böse Überraschungen zu erleben.

Gespräche rund ums Essen & Trinken

Der zweite Teil vermittelt Ihnen das nötige Rüstzeug um alltägliche Situationen im Restaurant und beim Einkaufen auf dem Markt zu meistern. Er soll Sie mit den Ess- und Trinkgewohnheiten der Chinesen vertraut machen und Sie dabei unterstützen, sich so schnell und einfach wie möglich in Chinas kulinarischer Umgebung zurechtzufinden.

Seitenzahlen

Um Ihnen den Umgang mit den Zahlen zu erleichtern, wird auf jeder Seite die Seitenzahl auch in **Pinyin-Chinesisch** *und der einfachen Lautschrift angegeben!*

Dabei hilft die einfache Lautschrift zum leichten Ablesen der vorgeformten Sätze und Fragen. Die chinesischen Schriftzeichen dienen dazu, einfach darauf zeigen zu können und die Wort-für-Wort-Übersetzung erlaubt Ihnen die Struktur der chinesischen Sprache kennen zu lernen, auch ohne einen Sprachkurs belegen zu müssen. Einfacher geht es nicht mehr!

Kurz-Knigge

Hier erhalten Sie viele kulturelle Tipps, damit Sie auch in puncto Höflichkeit glänzen können und mögliche Fettnäpfchen vermeiden. Ein freundliches „Guten Tag" lockert die Atmosphäre immer auf!

Rezept zum Nachkochen

Als kleines Bonbon finden Sie hier auch eines der leckersten und typischten Rezepte zum Nachkochen: „Jiao-zi", die schmackhaften kleinen Teigtaschen, die Sie überall in China als Snack serviert bekommen.

Kurz-Grammatik & Wörterlisten

Wer jetzt noch einen kleinen Schritt weitergehen möchte, dem erläutern wir in einer Kurz-Grammatik ganz einfach und kurz, wie man selbstständig chinesische Sätze bilden kann, so dass Sie die Beispielsätze im Gesprächsteil als einen Fundus von Satzschablonen verwenden können, den Sie nun leicht mit den Vokabeln aus dem kulinarischen Teil oder der Deutsch – Chinesisch Wörterliste am Ende des Buches abwandeln können. Hier gibt es auch eine Chinesisch – Deutsche Wörterliste, falls Sie mal etwas Gehörtes suchen.

Literaturempfehlungen

Hat Sie das kulinarische Chinesisch-Fieber erst gepackt, finden Sie in den Literaturempfehlungen ein paar schöne Bücher rund um die originale Küche Chinas mit Hintergrundinformationen und natürlich Rezepten!

Schnellreferenz

Als Letztes gibt es noch die Umschlagklappen, damit Sie die wichtigsten Sätze und Wörter, aber auch die Handzeichen für die Zahlen von 1–10 und 100 sowie die Erklärung der im Buch verwendeten Lautschrift so schnell wie möglich parat haben.

Die chinesische Sprache

Wenn Chinesisch auf viele Reisende so furchterregend wirkt, hat dies gleich mehrere Gründe: Zum einen handelt es sich um eine Art Bildersprache. Jedes Wort wird durch ein eigenes Zeichen dargestellt, das es auswendig zu lernen gilt. Um die 50.000 verschiedene Zeichen gibt es, ein Großteil davon wird allerdings nicht mehr benutzt. Mit einem Wissensstand von ca. 4000 Zeichen sollte ein Chinese so ziemlich jeden allgemeinen Text lesen können; besonders gebildete Chinesen beherrschen bis zu 10.000 Zeichen.

Chinesisch ist die Staatssprache der Volksrepublik China, Taiwans und eine der vier offiziellen Sprachen Singapurs. Aber auch in Malaysia sprechen über 30% aller Einwohner Mandarin. Hier sind übrigens besonders viele Garküchen und Restaurants in chinesischer Hand. Selbst in Indonesien, Birma und Thailand müssen Sie nie lange suchen, um auf die chinesische Diaspora zu treffen.

Zum anderen genügt es nicht, die Bedeutung der Zeichen zu lernen, denn den „Bildern" ist kein Hinweis auf ihre Aussprache zu entlocken. Selbst Chinesen werden daher ein Leben lang immer wieder im Wörterbuch das ein oder andere Zeichen nachschlagen müssen. Dort findet sich dann nicht nur die Bedeutung, sondern auch die hoch-chinesische Aussprache in der Pinyin-Umschrift, einer Lautschrift im westlichen Alphabet, die auch in diesem Band verwendet wird.

So kompliziert dieses System auf den ersten Blick zu sein scheint, birgt es auch Vorteile: Ein Großteil der Chinesen weltweit wächst mit einem der zahlreichen Dialekte als Muttersprache auf und lernt Hochchinesisch (Mandarin), wenn überhaupt, nur als Zweitsprache. Wollte sich ein Kantonese aus Hongkong oder Kanton (Guangdong) mit einem Nordchinesen unterhalten, würden beide schnell an ihre Grenzen stoßen, denn kaum ein Wort wird gleich ausgesprochen. Schriftlich allerdings ergeben sich keine Schwierigkeiten, denn beide benutzen dieselben Schriftzeichen. Für Sie als Reisenden gilt daher ebenfalls: Im Zweifelsfall deuten Sie einfach auf die Zeichen in diesem Buch.

Dass es sich überhaupt anbot, anstelle eines Alphabets mit einer „Bildersprache" zu arbeiten, hat ebenfalls einen einfachen Grund: Eigentlich ist Chinesisch eine einsilbige Sprache. Jede einzelne Silbe hat also eine eigene Bedeutung und wird nie durch Beugungen oder Endungen verändert. Als sich die chinesische Sprache und Schrift vor über 3500 Jahren herausbildete, genügten in der Regel wenige, einsilbige Worte, um die dörfliche Welt zu beschreiben. Je komplexer das Leben im Laufe der Geschichte wurde, desto mehr Vokabular wurde allerdings gebraucht. Nicht nur ein Großteil der chinesischen Alltagsbegriffe, wie beispielsweise **rè-shuǐ-píng** röschuäi-ping *heiß-Wasser-Flasche* (Thermoskanne) oder **dàn-huáng-jiàng** dan-huang-djiang *Ei-gelb-Soße* (Majonäse) müssen heute aus mehreren Silben zusammengesetzt werden. Die unendlich vielen neuen fachspezifischen Terminologien aus Wirtschaft, Wissenschaft und Technik oder Eigen- und Markennamen können auch nur durch zwei oder mehr Zeichen wiedergegeben werden.

Das Chinesische ist eine lautarme Sprache mit ungefähr 400 lautlich verschiedenen Silben (im Deutschen sind es über 10.000!). Durch die Töne erhöht sich der Silbenschatz auf ca. 1300 verschiedene Silben. Wenn sich europäische Reisende hin und wieder beklagen, alles klänge „irgendwie gleich" ist dieser Eindruck also durchaus begründet.

Chinesisch sprechen

Damit Sie mehr können, als nur auf die Schriftzeichen zu zeigen, ist jedes chinesische Wort auch in eine einfach zu lesende Lautschrift „übersetzt". Es sind nur die Laute aufgeführt, die vom Deutschen abweichend ausgesprochen werden (können) und dazu gibt es jeweils ein Beispiel auf Chinesisch.

má ma *Sesam*	**a**	a	wie in „V**a**ter"
ài ai *Beifuss*	**ai**	ai	wie in „M**ai**"
cān tsan *Essen/essen*	**an**	an	wie in „Ka**nn**e"
piän piàn *Scheibe*		än	nach **i, qu, y** wie „ke**nn**t" (länger!)
tāng tang *Suppe*	**ang**	ang	wie in „G**ang**"
dāo dau *Messer*	**ao**	au	wie in „R**au**m"
cù tsu *Essig*	**c**	ts	wie in „ste**ts**" (aspiriert)
chá tscha *Tee*	**ch**	tsch	wie in „deu**tsch**" (aspiriert)
è ö *hungrig*	**e**	ö	wie ein kurzes „ö" in „W**ö**rter"
jiè-mo djiä-mo *Senf*		ä	nach **i, u, y** wie in „h**ä**tte"
bēi bäi *Tasse*	**ei**	äi	wie in „H**ey**!"
rén rön *Kern*	**en**	ön	wie in „k**ö**nnen" (jedoch länger)
zhēng dschöng *dämpfen*	**eng**	öng	wie ein kurzes „öng" (nasal)
ěr ör *Kuchen*	**er**	ör	wie in „Fris**ör**", wobei das „r" sehr weit hinten gesprochen wird
háo hau *Auster*	**h**	h	Mischung aus dem deutschen „h" und „ch" wie in „Ba**ch**"
lí lie *Birne*	**i**	i	in der Wortmitte wie in „b**i**tte",
píng-guǒ ping-guo *Apfel*		ie	am Wortende wie in „F**ie**ber",
chī-fàn tschö-fan *essen*		ö	nach **c(h), r, s(h), z(h)** wie kurzes „ö"
jī djie *Hähnchen*	**j**	dj	wie „dj" wie in „Run**d+j**ahr"
bō-luó bo-luo *Ananas*	**o**	o	kurz, wie in „W**o**lke"

ong	ung	wie in „Leit**ung**"	cōng tsung *Zwiebel*
ou	ow	wie in „Kn**ow**-How"	dòu-fu dow-fu *Tofu*
q	tj	wie in „**tj**a!" (aspiriert)	qiào tjiau *Schale*
r	r	wie das deutsche „r" aber weiter hinten gesprochen	ròu row *Fleisch*
s	ß	stimmlos wie in „Bus"	suān ßuan *sauer*
sh	sch	stimmlos wie in „**Sch**ule"	shuǐ schuäi *Wasser*
u	u	wie in „M**u**t" (jedoch kürzer)	pú-táo pu-tau *Traube*
	ü	nach **j, q, x, y** wie in „m**ü**de"	yú ü *Fisch*
	ow	nach **i** wie in „Kn**ow** How"	jiǔ djiow *Alkohol*
ui	uäi	wird als „u-äi" gesprochen	shuǐ schuäi *Wasser*
ü	ü	wie in „m**ü**de"	lǜ-chá lü-tscha *Grüntee*
w	u	wie das deutsche „u"	wān-dòu uan-dow *Erbsen*
x	ch	wie in „ki**ch**ern"	xiā chia *Garnele*
y	j	wie in „**J**äger",	yóu jow *Öl*
	–	steht das **y** vor **i, in, u** wird es nicht ausgesprochen	yī ie *eins*
z	ds	wie in „Hun**d+S**nn"	zǎo-zi dsau-dsö *Dattel*
zh	dsch	wie in „**Dsch**ungel"	zhū dschu *Schwein*

Auf den richtigen Ton kommt es an …

Chinesisch ist eine „tonale" Sprache. Das heißt, je nachdem mit welcher „Melodie" eine Silbe ausgesprochen wird, verändert sich auch ihre Bedeutung. Bestellen Sie eine Suppe, verlangen Sie nach tāng in gleichlautender Tonhöhe. Ziehen Sie die Melodie versehentlich nach oben, sagen Sie „Zucker"! Für europäische Zungen und Ohren ist es recht schwierig, sich an diese Besonderheit zu gewöhnen. Geben Sie der „Wortmelodie" trotzdem eine Chance! Man unterscheidet folgende Töne:

Der erste Ton

Ein gleichbleibend hoher Ton wie bei einem feierlichen „Amen".

kā-fēi	**suān**	**xiāng-jiāo**
ka-fäi	ßuan	chiang-djiau
Kaffee	sauer	Banane

Der zweite Ton

Ein ansteigender Ton wie bei der Frage „was?".

hóng-chá	**tián**	**háo-yóu**
hung-tscha	tiän	hau-jow
schwarzer Tee	süß	Austernsoße

Der dritte Ton

Ein erst fallender und dann wieder ansteigender Ton wie bei einem fragenden „Na?".

shuǐ-guǒ	**kǎo**	**hǎi-dǎn**
schuäi-guo	kau	hai-dan
Obst	backen	Seeigel

Der vierte Ton

Ein fallender Ton wie bei dem Befehl „Raus!".

dà-suàn	**là**	**qiào-cài**
da-ßuan	la	tjiau-tsai
Knoblauch	scharf	Muschelfleisch

Kauderwelsch-Tonträger

*Falls Sie sich die fremdsprachigen Sätze und Wörter, die in diesem Buch vorkommen, einmal von einem **Chinesen** gesprochen anhören möchten, kann Ihnen Ihre Buchhandlung das begleitende Tonmaterial zu diesem Buch besorgen. Sie bekommen es auch über den Rump-Direktversand oder unseren Internetshop **www.reise-know-how.de** zuzüglich Porto- und Verpackungskosten.*

Der neutrale Ton

Eine „tonlose" Variante, die meist in Wortver-
bindungen nach der ersten Silbe vorkommt.

jiǎo-zi	**mó-gu**	**dòu-fu**
djiau-dsö	mo-gu	dow-fu
Teigtasche	Pilz	Tofu

Im Überblick

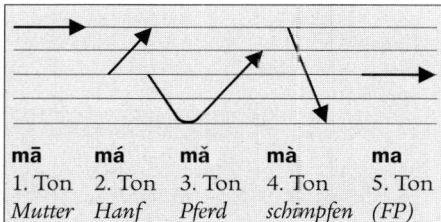

mā	**má**	**mǎ**	**mà**	**ma**
1. Ton	2. Ton	3. Ton	4. Ton	5. Ton
Mutter	*Hanf*	*Pferd*	*schimpfen*	*(FP)*

*Pferd oder Mutter?
Wie Sie sehen, kann
man sich fatal
versprechen, wenn
man nicht den
richtigen Ton trifft.*

Das kulinarische China

Eines ist sicher: Reisende in das Reich der Mitte dürfen sich auf Überraschungen gefasst machen. Kaum ein Gericht der chinesischen Originalküche erinnert an die germanisierte kulinarische Palette der deutschen China-Restaurants. Genauso wenig gibt es *die* chinesische Küche schlechthin – schließlich erstreckt sich das drittgrößte Land der Erde über 9,5 Millionen Quadratkilometer.

Prinzipiell lässt sich die chinesische Küche in vier große Regionen einteilen:

Die nördliche Küche

Bei uns heißt die chinesische Hauptstadt „Peking", die international offizielle lautliche Umschrift lautet seit der Einführung der Pinyin-Umschrift jedoch Beijing.

Auch Beijing-Küche genannt, zeichnet sich die nördliche Küche vor allem durch deftige Gerichte aus. Lange und klirrend kalte Winter wechseln sich hier mit extrem trockenen Sommermonaten ab. Reis konnte sich also schon aus klimatischen Gründen nicht durchsetzen. Die nördliche Küche verwendet daher vor allem Weizenprodukte wie Nudeln, Fladen oder Dampfnudeln. Die Große Mauer mag zwar viele „barbarische" Invasionen aus dem Norden verhindert haben, kulinarisch gesehen steht die Beijinger Küche trotzdem unter dem Einfluss der nomadischen Nachbarn. Lamm, Hammel und Rindfleisch werden hier besonders oft verwendet, und sogar Milchprodukte, die im Süden verschmäht werden, sind rund um Beijing keine Seltenheit. Knoblauch, Schalotten, Lauch und schwarze Bohnenpaste verleihen der nördlichen Küche eine besondere Note, die auch im restlichen China vor allem im Winter geschätzt wird.

Die jiǎo-zi *gefüllte Teigtaschen* sind eine echt nordchinesische Spezialität. Wer eine reine Bauernküche erwartet, darf sich in den Restaurants der Hauptstadt aber eines Besseren belehren lassen: Immerhin wurde hier Jahrhunderte lang der Kaiserhof bekocht. Von der běi-jīng kǎo-yā *Beijing-Ente* bis zu huǒ-guō *Mongolischer Feuertopf* steht die nördliche Küche auch für exquisite Zubereitungen.

Die kulinarischen Regionen Chinas

Das kulinarische China

Die östliche Küche

In allen chinesischen Kochstilen werden die Mahlzeiten bereits Essstäbchen-gerecht serviert. Der Legende nach, soll schon Konfuzius Messer als barbarische Werkzeuge vom Tisch verbannt haben. Wahrscheinlicher ist aber eine schlicht ökonomische Erklärung: Brennholz ist rar in China, und durch die mundgerechte Stückelung der Speisen konnte die Garzeit und damit der Holzverbrauch verringert werden.

Sie wird vor allem durch die Regionen Jiangsu, Fujian, Zhejiang und Shanghai repräsentiert. Hier ist die Küste nie weit, Meeres- und Süßwasserfische, Schalentiere und andere Meeresfrüchte stehen daher besonders oft auf dem Speiseplan. Für ihren milden Geschmack berühmt, sind die Gerichte auch für ungeübte westliche Mägen gut verträglich. Saure Kombinationen wie suān-là tāng *sauerscharfe Suppe* oder süß-saure Soßen gehören ebenso zum Programm wie das berühmte hóng-shāo ròu *rot-geschmortes-Fleisch,* dessen süßlicher Geschmack durch die Sojasoße und den Reiswein entsteht. Auch schonende Zubereitungsarten wie Dämpfen stehen hier hoch im Kurs. Suppenfreunde finden in der östlichen Küche die größte Auswahl.

Die südliche Küche

Sie ist vor allem in der Provinz Guangdong (Kanton) und Hongkong beheimatet und hat der chinesischen Kochkunst international zu höchstem Ruhm verholfen. Zum einen, weil sich gerade die kantonesischen Köche besonders oft im Ausland niederließen und so die klassische Speisekarte der China-Restaurants prägten. Zum anderen werden nur hier die Zutaten verwendet, vor denen sich die meisten Reisenden insgeheim fürchten: Katzen, Meerschweinchen, Affen und andere „Strei-

cheltiere" gehören in Kanton zum gehobenen Speisezettel. Ganz im Gegensatz zu heute war der dicht besiedelte Süden Jahrhunderte lang auf diese unkonventionellen Erweiterungen der Speisekarte angewiesen. Was heute als teure Delikatesse gilt, sicherte noch vor wenigen Jahrzehnten das Überleben der Ärmsten.

Dank tropischer Pflanzenvielfalt wartet die südliche Küche mit vielen verführerischen Spezialitäten auf. In ganz China berühmt sind beispielsweise diǎn-xīn diān-chin *Dim-Sum-Teigtäschchen* und bǎn yā *Kanton-Ente*.

Grund zu kulinarischer Zurückhaltung besteht nicht: Die meisten der gewöhnungsbedürftigen Spezialitäten sind ausnehmend teuer und werden nur in speziellen Restaurants angeboten.

Die westliche Küche

Die Küche der Provinzen Sichuan und Hunan gilt als die schärfste Chinas. Zu Recht, denn die gut gewürzten Pfeffer- und Chili-Gerichte treiben auch hartgesottenen Einheimischen die Tränen in die Augen. Ingwer, Knoblauch, Lauch und Essig gehören ebenfalls zum Arsenal der westlichen Köche, die eine ausgeprägte Vorliebe für Sauer-Scharfes an den Tag legen. Das Meer ist weit weg, und die in China sonst allgegenwärtigen Fisch- und Meerestiergerichte fehlen hier fast völlig. Mit viel Lokalpatriotismus redet man in Sichuan gerne von „Hundert Geschmacksrichtungen", wenn es um die einheimische Kochkunst geht. Wer die bekanntesten Spezialitäten wie gōng-bǎo jī-dīng *Chili-Huhn mit Erdnüssen* oder má-là dòufu *scharfer Tofu* gekostet hat, wird zweifellos im Nu zum Sichuan-Fan.

Die Speisekarte entziffern

Egal ob an der Nudelbude oder im Spezialitätenrestaurant, vor der Schlemmerorgie gilt es eine entscheidende Hürde zu meistern: Die Speisekarte. Die Frage nach der englischen Version wird außerhalb touristischer Einrichtungen bestenfalls mit einem Lächeln quittiert. Aber auch ohne Chinesischkenntnisse gibt es Hoffnung: Abgesehen von einigen Eigennamen, sind die meisten Gerichtenamen nicht viel mehr als eine Inhaltsangabe.

Zur ersten Orientierung auf der Speisekarte dienen die Überschriften:

Suppen gehören nicht zu den Vorspeisen, sondern bilden eine eigene Kategorie nach den Hauptspeisen, da sie erst gegen Ende des Mahls aufgetragen werden.

菜单 **cài-dān**
tsai-dan
Gericht-Liste
Speisekarte

热菜类 **rè-cài lèi**
rö-tsai läi
warm-Gericht Sorte
Hauptspeisen

饭 **fàn**
fan
Reis
Reis

冷菜类 **lěng-cài lèi**
löng-tsai läi
kalt-Gericht Sorte
Vorspeisen

汤 **tāng**
tang
Suppe
Suppe

饮料 **yǐn-liào**
in-liau
trinken-Material
Getränke

Zur Identifizierung der Gerichte gibt es eine Hilfestellung: Die Speisenamen, meist 3–6

Zeichen lang, können folgende Informationen in genau dieser Reihenfolge enthalten:

> Zubereitung / Gewürz – Gemüse
> – Tier – „Form"– Beilage

Natürlich muss der Name nicht alle Komponenten enthalten, meist sind es 2–3 davon.

Speisekarte entschlüsseln

1. Suchen Sie in den hinteren Zeichen des Gerichtenamens nach der Fleisch- oder Fischsorte (als Vegetarier halten Sie stattdessen nach dem Zeichen für Tofu oder dem gewünschten Gemüse Ausschau).

2. Nach dem Zeichen für die Fleisch- oder Fischsorte folgt in der Regel das Wort „Fleisch" oder aber dessen „Form", also Würfel, Streifen etc.

3. Als nächstes sollten Sie überprüfen, ob die letzten beiden Zeichen des Gerichts auf der Liste der Beilagen zu finden sind. Dann handelt es sich um ein Gericht mit Bratnudeln, Bratreis oder Nudelsuppe (vor allem bei Straßenständen und Imbissbuden der Fall; sonst muss Reis separat bestellt werden und ist im Gerichtenamen nicht enthalten).

4. Überprüfen Sie bei den Gerichten, die in Frage kommen, welche Zeichen an erster und zweiter Stelle stehen (insbesondere wenn Sie ein bestimmtes Gemüse suchen).

Die Speisekarte entziffern

Jetzt kann es losgehen. Zum Üben können Sie
die Gerichtenamen in den späteren Kapiteln
versuchen zu entschlüsseln. Jetzt können Sie
im Prinzip schon Chinesisch lesen!

Zubereitungsart und Gewürze

Diese Information findet man unter dem ersten (und zweiten) Zeichen des Gerichts:

炸	**zhá**	dscha	frittiert
烤	**kǎo**	kau	gebacken/gegrillt
炒	**chǎo**	tschau	gebraten (kurz)
煎	**jiān**	djiän	gebraten (Pfanne)
回锅	**huí-guō**	huäi-guo	gebraten (zweimal)
蒸	**zhēng**	dschöng	gedämpft
煮	**zhǔ**	dschu	gekocht
熏	**xūn**	chün	geräuchert
红烧	**hóng-shāo**	hung-schau	geschmort in Sojasoße und Reiswein
酱爆	**jiàng-bào**	djiang-bau	sautiert in Sojasoße
糖醋	**táng-cù**	tang-tsu	süß-sauer
酸辣	**suān-là**	ßuan-la	sauer-scharf
三鲜	**sān-xiān**	ßan-chiän	drei „frische" Zutaten
素(菜)	**sù(-cài)**	ßu(-tsai)	vegetarisch
蚝油	**háo-yóu**	hau-jow	Austernsoße
辣椒	**là-jiāo**	la-djiau	Chili
辣子	**là-zi**	la-dsö	Chili/Pfeffer
咖喱	**gā-lí**	ga-lie	Curry
姜	**jiāng**	djiang	Ingwer
鱼香	**yú-xiāng**	ü-chiang	Ingwer & Co.
香菜	**xiāng-cài**	chiang-tsai	Koriander
蒜	**suàn**	ßuan	Knoblauch

Übrigens: **yú-xiāng** bedeutet wörtlich „Fisch-duft"; es ist aber eine absolut fischlose Ge-würzmischung mit Ingwer, Knoblauch und Essig! Die „drei frischen Zutaten" sind meist Gemüse, Fleisch und Meeresfrüchte.

Gemüse

Die Schriftzeichen für Gemüse stehen ent-weder relativ weit hinten bei vegetarischen Gerichten oder aber an zweiter/dritter Stelle bei Fleisch- und Fischgerichten:

shū-cài	schu-tsai	gemischtes Gemüse	蔬菜
hǎi-zǎo	hai-dsau	Algengemüse	海藻
qié-zi	tjiä-dsö	Aubergine	茄子
zhú-sǔn	dschu-ßun	Bambussprossen	竹笋
dōng-sǔn	dung-ßun	Bambussprossen	冬笋
mù-ěr	mu-ör	Baumohr-Pilze	木耳
qīng-cài	tjing-tsai	Blattgemüse (grün)	青菜
cài-xīn	tsai-chin	Blattgemüse (innen)	菜心
huā-cài	hua-tsai	Blumenkohl	花菜

Die Speisekarte entziffern

绿豆	**lǜ-dòu**	lü-dow	Bohnen (grün)
扁豆	**biǎn-dòu**	biän-dow	Bohnen (Helm-)
豌豆	**wān-dòu**	uan-dow	Erbsen
花生	**huā-shēng**	hua-schöng	Erdnüsse
黄瓜	**huáng-guā**	huang-gua	Gurke
胡萝卜	**hú-luó-bo**	hu-luo-bo	Karotte
土豆	**tǔ-dòu**	tu-dow	Kartoffeln
清算	**qīng-suàn**	tjing-ßuan	Lauch
藕	**ǒu**	ow	Lotuswurzel
玉米	**yù-mǐ**	ü-mie	Mais
银耳	**yín-ěr**	in-ör	Morcheln (weiß)
苦瓜	**kǔ-guā**	ku-gua	Okra

柿子椒	**shì-zi-jiāo**	schö-dsö-djiau	Paprika
青椒	**qīng-jiāo**	tjing-djiau	Paprika (grün)
蘑菇	**mó-gu**	mo-gu	Pilze
小萝卜	**xiǎo luó-bo**	chiau luo-bo	Radieschen
油菜	**yóu-cài**	jow-tsai	Raps
萝卜	**luó-bo**	luo-bo	Rettich
韭菜	**jiǔ-cài**	djiow-tsai	Schnittlauch
芹菜	**qín-cài**	tjin-tsai	Sellerie
芥菜	**jiè-cài**	djiä-tsai	Senfgemüse
榨菜	**zhà-cài**	dscha-tsai	Senfgemüse

dōng-gū	dung-gu	Shitake-Pilze	冬菇
huáng-dòu	huang-dow	Sojabohnen	黄豆
dòu-yá	dow-ja	Sojasprossen	豆芽
lú-sǔn	lu-ßun	Spargel	芦笋
bō-cài	bo-tsai	Spinat	菠菜
xī-hóng-shì	chi-hung-schö	Tomate	西红柿
fān-qié	fan-tjiä	Tomate	番茄
dōng-guā	dung-gua	Wachskürbis	冬瓜
mǎ-tí	ma-tie	Wasserkastanie	马蹄
bái-cài	bai-tsai	Weißkohl	白菜
yáng-cōng	jang-tsung	Zwiebel	洋葱

Tierisches und Tofu

Die Zeichen für Fisch, Fleisch, Eier oder aber
Tofu (Sojabohnenquark) stehen recht weit
hinten im Gerichtnamen!

jī-dàn	djie-dan	Ei	鸡蛋
ròu	row	Fleisch	肉
yā	ja	Ente	鸭
é	ö	Gans	鹅
jī	djie	Huhn	鸡
yáng	jang	Lamm / Ziege	羊
yáng-tuǐ	jang-tuäi	Lammkeule	羊腿
yáng-dǔ	jang-du	Lammmagen	羊肚
huǒ-jī	huo-djie	Pute	火鸡
niú	niow	Rind	牛
niú-dǔ	niow-du	Rindermagen	牛肚
huǒ-tuǐ	huo-tuäi	Schinken	火腿
shé	schö	Schlange	蛇
zhū	dschu	Schwein	猪
zhū-dǔ	dschu-du	Schweinemagen	猪肚

Ein Tipp: Steht einfach nur **ròu** „Fleisch" im Gericht, handelt es sich meist um Schweinefleisch! Damit wird in China noch am allermeisten gekocht!

豆腐	**dòu-fu**	dow-fu	Tofu
鱼	**yú**	ü	Fisch
海味	**hǎi-wèi**	hai-wäi	Meeresfrüchte
鳝鱼	**shàn-yú**	schan-ü	Aal
鲍鱼	**bào-yú**	bau-ü	Abalone
鳟鱼	**zūn-yú**	dsun-ü	Forelle
大虾	**dà-xiā**	da-chia	Garnelen

鲨鱼	**shā-yú**	scha-ü	Haifisch
鱼翅	**yú-chì**	ü-tschö	Haifischflosse
扇贝	**shàn-bèi**	schan-bäi	Kamm-Muschel
鲤鱼	**lǐ-yú**	lie-ü	Karpfen
虾	**xiā**	chia	Krabben
螃蟹	**páng-xiè**	pang-chiä	Krebs
龙虾	**lóng-xiā**	lung-chia	Languste
海蜇	**hǎi-zhé**	hai-dschö	Qualle
海参	**hǎi-shēn**	hai-schön	Seegurke
海贝	**hǎi-bèi**	hai-bäi	Seemuschel
河蟹	**hé-xiè**	hö-chiä	Süßwasserkrebs
墨鱼	**mò-yú**	mo-ü	Tintenfisch

Form

Wie ihr Fleisch oder Fisch im Gericht serviert wird, steht gleich hinter dem Zeichen für die „tierische" Zutat.

sī	ßö	dünne Streifen	丝
dīng	ding	Würfel	丁
piàn	piän	Scheiben	片
tuǐ	tuäi	Keule	腿
kuài	kuai	Stücke (mit Gräten/Knochen)	块
pái-gǔ	pai-gu	Rippchen	排骨

Beilagen & Nudelgerichte

Man erkennt sie an folgenden Zeichen am Ende des Gerichtsnamens:

mǐ-fàn	mie-fan	Reis	米饭
bái-fàn	bai-fan	gekochter Reis	白饭
chǎo-fàn	tschau-fan	gebratener Reis	炒饭
guō-bā	guo-ba	Knusperreis	锅巴
miàn-tiáo	miän-tiau	Nudeln	面条
chǎo-miàn	tschau-miän	gebratene Nudeln	炒面
miàn-tāng	miän-tang	Nudelsuppe	面汤

Nebst den Gerichtenamen, die wie Inhaltsangaben funktionieren, gibt es jedoch auch sehr bildhafte Namen, hinter denen sich meist durchaus harmlose Kreationen verbergen. In den nachfolgenden Kapiteln finden Sie reichlich Beispiele für typische Gerichte, geordnet nach ihrer Hauptzutat.

Wörter, die weiterhelfen

Sie möchten jetzt schon wissen, wie Sie nun etwas bestellen können, bevor Sie sich in die bunte Welt der chinesischen Gerichte vertiefen und die Feinheiten der chinesischen Ausdrucksweise kennen lernen:

请你来。。。
qǐng nǐ lái ...
tjing nie lai
bitten du kommen
Bitte bringen Sie mir ...

一杯茶。
yì bēi chá.
ie bäi tscha
eine Tasse Tee
eine Tasse Tee.

Nicht ganz so höflich, aber weit verbreitet:

我要。。。
wǒ yào ...
uo jau
ich wollen
Ich möchte ...

吃饭。
chī-fàn.
tschö fan
essen Reis
etwas essen.

Und wenn Sie etwas nicht wollen:

我不要。。。
wǒ bù yào ...
uo bu jau
ich nicht wollen
Ich möchte keinen ...

吃肉 / 茶。
chī ròu / chá.
tschö row/ tscha
essen Fleisch / Tee
Fleisch essen / Tee.

Wenn Sie nach etwas fragen wollen:

你有没有。。。
nǐ yǒu méi-yǒu ...
nie jow mäi-jow
du haben nicht-haben
Haben Sie ...

素菜?
sù-cài?
ßu-tsai
vegetarisch-Gericht
vegetarische Speisen?

有。
yǒu.
jow
haben
Ja.

没有。
méi-yǒu.
mäi-jow
nicht-haben
Nein.

这个多少钱？
zhè-ge duō-shao qián?
dschö-gö duo-schau tjiän
dies-Stück viel-wenig Geld
Was kostet das?

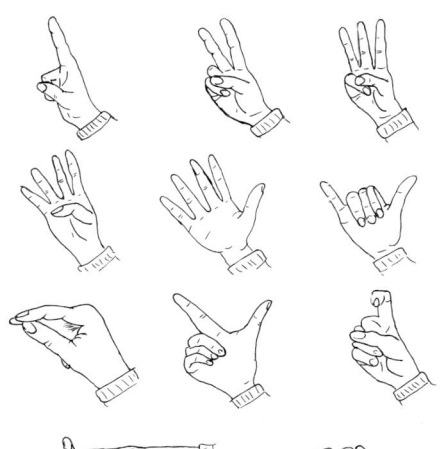

Die Antwort auf die Frage nach dem Preis wird Ihnen bestimmt freundlicherweise in arabischen Zahlen aufgeschrieben oder mit den Händen gezeigt!

Von links nach rechts und von oben nach unten lesen Sie die Zahlen 1–10. Die geballte Faust steht für die Zahl 100.

Frühstück & Straßensnacks

In Sachen Frühstück gibt sich die sonst so opulente chinesische Küche eher bescheiden. Für die meisten Chinesen steht morgens dünner Reisbrei mit Beilagen wie eingelegtem Gemüse oder getrocknetem Fleisch auf dem Speiseplan. Als Getränk wird traditionell ungesüßte Sojabohnenmilch gereicht.

Nicht immer stand frisches Gemüse zu jeder Jahreszeit auf dem Speiseplan. Das eingelegte pào-cài – eine Mischung aus Chinakohl, Chili und Ingwer – war eine der wenigen Möglichkeiten, auch im Winter vitaminreiche Kost auf den Tisch zu bringen. Heute gibt es Hunderte von Varianten.

大米粥 **dà-mǐ-zhōu** da-mie-dschow
groß-Reis-Brei
Reisbrei

豆浆 **dòu-jiāng** dow-djiang
Bohne-Flüssigkeit
Sojabohnenmilch

泡菜 **pào-cài** pau-tsai
einweichen-Gemüse
Eingelegtes Gemüse

肉松 **ròu-sōng** row-ßung
Fleisch-Fleischfasern
Getrocknetes Fleisch

Das europäische Grundnahrungsmittel Brot ist in China nahezu unbekannt. Mindestens genauso sättigend sind gedämpfte Hefeteigklöße: Mit Fleisch- oder Gemüsefüllung heißen sie 包子 **bāo-zi** bau-dsö, ganz ohne Inhalt 馒头 **mán-tou** man-tow und die süßen mit roter Bohnenpaste gefüllten 豆沙包 **dòu-shā-bāo** dow-scha-bau.

Teigtaschen

Für den europäischen Gaumen angenehmer sind die Teigtaschen, die vor allem an den Imbiss-Buden auf der Straße, 小吃部 **xiǎo-chī-bù** chiau-tschö-bu, serviert werden.

Am bekanntesten sind 饺子 **jiǎo-zi** djiau-dsö, gedämpfte halbmondförmige Weizen-Teigtaschen mit Fleisch- oder Gemüsefüllung. Die Standardausführung enthält Hackfleisch, Schnittlauch, Ingwer und Knoblauch. Dazu wird ein Schälchen brauner Essig gereicht, den Sie eventuell mit Sojasoße mischen können, wenn Salz fehlt.

Teigwaren-Garküchen erkennen Sie an den bis zu zwei Meter hohen Dampfkorb-Türmen aus Bambus.

Frühstück & Straßensnacks

Bei Reisenden beliebt sind 锅贴 **guō-tiē** guo-tiä, rundum knusprig angebratene „Jiao-zi".

Die kleineren 馄饨 **hún-tun** hun-tun kennen Sie wahrscheinlich aus europäischen China-Restaurants unter dem kantonesischen Namen „Wan-tan". Sie werden oft frittiert oder als Suppenbeilage serviert.

Saftiger sind die Shanghaier 小笼包 **xiǎo-lóng-bāo** chiau-lung-bau, gedämpfte runde Teigtaschen mit Schweinefleisch-Füllung in einer dünnen Hefeteighülle – eine Mischung aus Hefeteigklößen und Teigtaschen.

In vielen Gegenden Chinas werden Teigwaren noch in der traditionellen Maßeinheit liǎng liang *bestellt, die etwa 50 Gramm entspricht. Wenn Sie also kommentarlos per Handzeichen die gewünschte Zahl Teigtaschen anzeigen, kann es passieren, dass Sie mehr erhalten als geplant.*

In Südchina sollten Sie keinesfalls die kantonesischen „Dim Sum" verpassen (auf Hochchinesisch 点心 **diàn-xīn** diän-chin). Im Dim-Sum-Restaurant bieten die Kellner Ihnen in regelmäßigen Abständen auf einem Servierwagen eine Riesenauswahl an gedämpften und gebratenen „Häppchen" mit Fleisch-, Gemüse- oder Meeresfrüchte-Füllung an, von dem Sie sich nach Belieben bedienen.

Ölteig-Backwaren

Die Ölteig-Backwaren sind überwiegend salziger Natur. Früh morgens sind 油条 **yóu-tiáo** jow-tiau besonders beliebt – frisch in Fett ausgebackene, knusprige Teigstangen.

Pfannkuchen sind hingegen den ganzen Tag erhältlich: 肉饼 **ròu-bǐng** row-bing enthalten vor allem Schweinehackfleisch, während 煎饼 **jiān-bǐng** djiän-bing mit Zutaten wie Hoisin-Soße, Zwiebeln oder Chili aufgewertet werden. Die

葱油饼 **cōng-yóu-bǐng** tsung-jow-bing enthalten nur Frühlingszwiebeln. Alle Varianten werden nach Belieben auch mit Ei überbacken, damit es noch etwas gehaltvoller wird.

Etwas abwechslungsreicher und vor allem in Süd-China beheimatet sind die frittierten Klebreiskuchen 炸糕 **zhá-gāo** dscha-gau. Die kleinen runden Pfannkuchen sind mit Sesampaste, Rote-Bohnenpaste oder Schweinehackfleisch gefüllt.

Nudeln und Bratreis

Genauso weit verbreitet sind Stände mit einfachen Nudelgerichten oder auch Bratreis, die oft von sechs Uhr früh bis Mitternacht geöffnet sind. Die absoluten Klassiker sind:

面汤 **miàn-tāng** miän-tang
Nudel-Suppe
Dicke Nudelsuppe mit Brühe

炒面 **chǎo-miàn** tschau-miän
braten-Nudeln
Gebratene Nudeln mit etwas Gemüse

炒饭 **chǎo-fàn** tschau-fan
braten-Reis
Gebratener Reis mit etwas Gemüse

牛肉面 **niú-ròu-miàn** niow-row-miän
Rind-Fleisch-Nudeln
Dicke Nudelsuppe mit Rindfleisch

Vorspeisen: Eine Welt für sich

Gerade hier unterscheidet sich die Auswahl von dem, was Sie aus dem China-Restaurant kennen. Außerdem handelt es in der Regel um kalte Speisen. So sind auch alle hier vorgestellten Vorgerichte kalt!

Falls Sie zu mehreren essen gehen, sollte die Zahl der Vorspeisen ungefähr der Teilnehmerzahl entsprechen. Bei offiziellen Anlässen darf es auch ein wenig mehr sein, schließlich wollen Sie nicht als Geizhals gelten.

冷拼盘   **lěng pīn-pán** löng pin-pan
kalt zusammenstellen-Teller
Gemischte Vorspeisenplatte

糖醋黄瓜   **táng-cù huáng-guā** tang-tsu huang-gua
Zucker-Essig Gurke
Gurke süß-sauer

蒜泥黄瓜   **suàn-ní huáng-guā** ßuan-nie huang-gua
Knoblauch-Püree Gurke
Gurke mit Knoblauch

辣白菜   **là bái-cài** la bai-tsai
scharf weiß-Kohl
Scharfer Chili-Kohl

冷芽菜   **lěng yá-cài** löng ja-tsai
kalt Sprossen-Gemüse
Bohnensprossen-Salat

Jetzt zu den vielen Vorgerichten mit kaltem Fleisch. Hier ist auf jeden Fall Ihre Experimentierfreudigkeit gefragt. Kosten Sie mal!

鸡冻 **jī-dòng** djie-dung
Huhn-Gelee
Hühnerbrustfilet in Aspik

麻辣鸡片
má-là jī-piàn ma-la djie-piän
scharf Huhn-Scheibe
Scharf gewürztes Hühnerfleisch

蒜泥白肉
suàn-ní bái-ròu ßuan-nie bai-row
Knoblauch-Püree weiß-Fleisch
Würziges Schweinefleisch mit Knoblauch

卤水牛肉
lǔ-shuǐ niú-ròu lu-schuäi niow-row
in-Würzbrühe-gekocht-Wasser Rind-Fleisch
Gekochtes Bauchfleisch vom Rind

炒牛肉松
chǎo niú-ròu sōng tschau niow-row ßung
braten Rind-Fleisch Trockenfleisch
Würzig eingelegtes und gebratenenes Trocken-Rindfleisch

五香鸡爪
wǔ-xiāng jī-zhuǎ u-chiang djie-dschua
fünf-duften Huhn-Klaue
Gebratene Hühnerfüße

Die gemischte Vorspeisenplatte verschafft Ihnen einen ersten Überblick über die Vorspeisen der Region. In den Küstenregionen dürfen Sie vor allem mit Meeresfrüchten rechnen, während die west-chinesischen Vorspeisen meist Chili und andere scharfe Gewürze enthalten. Im Norden werden Sie wahrscheinlich eingelegten, kalten Fleischvarianten begegnen.

Suppen als Getränk

Wer die Suppe gleich zu Beginn der Mahlzeit bestellt, darf in China mitunter recht lange warten. Denn Suppen gelten traditionell als Getränk, sind ganz bewusst neutral gehalten und werden daher erst gegen Ende der Mahlzeit serviert.

Die Basis für chinesische Suppen ist eine dünne Brühe aus Rinder-, Schweine- oder Hühnerfleisch und dazu 1–2 Zutaten, z. B. ein Blattgemüse, Fleischstückchen oder Ei. Je nach Rezept wird die Brühe auch mit Maisstärke angedickt. Anstelle der Individualportionen à la Europa bekommt man vor Ort fast immer eine Zwei-Liter-Schüssel, deren Inhalt für alle am Tisch bestimmt ist.

mit Gemüse & Ei

菠菜汤 **bō-cài tāng** bo-tsai tang
Spinat Suppe
Brühe mit Spinat (oft auch mit Nudeln)

豆腐汤 **dòu-fu tāng** dow-fu tang
Tofu Suppe
Brühe mit Tofuwürfeln und Blattgemüse

冬瓜汤 **dōng-guā tāng** dung-gua tang
Winter-Kürbis Suppe
Klare Brühe mit Kürbisstreifen,
Hühnerfleisch und Schinkenspeck

酸菜粉丝汤
suān-cài fěn-sī tāng ßuan-tsai fōn-ßö tang
sauer-Gemüse Glasnudeln Suppe
Würzige Brühe mit Sauerkohl und
Glasnudeln

紫菜汤 **zǐ-cài tāng** dsö-tsai tang
Purpurtang Suppe
Kräftige Suppe mit Seetang und Knoblauch

煎蛋汤 **jiān-dàn tāng** djiän-dan tang
braten-Ei Suppe
Klare Brühe mit gebratenen Eiern und
Chinakohl

番茄蛋花汤
fān-qié dàn-huā tāng fan-tjiä dan-hua tang
Tomate Eier-Blumen Suppe
Pikante Suppe mit angebratenen Tomaten-
scheiben und Eierstich

蛋花汤 **dàn-huā tāng** dan-hua tang
Eier-Blumen Suppe
Hühnerbrühe mit Eierstich und Frühlings-
zwiebeln

mit Fleisch

Die sauer-scharfe 酸辣汤 **suān-là tāng** ßuan-la tang
Suppe suān-là tāng *sauer-scharf Suppe*
ist eine der Sauer-scharfe Suppe
bekanntesten Suppen.
Grundlage des Rezepts 鸡块汤 **jī-kuài tāng** djie-kuai tang
ist eine angedickte *Huhn-Stück Suppe*
Brühe mit Essig und Klare Brühe mit Hühnerfleischeinlage
Chili, die durch
Hühner- oder 牛肉羹 **niú-ròu gēng** niow-row göng
Schweinefleischstücke, *Rind-Fleisch Brühe*
Bambussprossen Klare Rinderbrühe mit Rindfleischstreifen
und Pilze ihre
„Substanz" bekommt. 榨菜肉丝汤
zhà-cài ròu-sī tāng dscha-tsai row-ßö tang
Senfgemüse Fleisch-Streifen Suppe
Scharfe Suppe mit Schwein und Senfgemüse

馄饨汤 **hún-tún tāng** hun-tun tang
(Eigenname) Suppe
Schweinefleisch-Teigtaschen in klarer Brühe

mit Fisch & Meeresfrüchten

玉米汤 **yù-mǐ tāng** ü-mie tang
Mais Suppe
Maissuppe mit Krabbenfleisch und Eierstich

鱼圆汤 **yú-yuán tāng** ü-jüän tang
Fisch-kugelförmig Suppe
Würzige Fischklößchen mit saisonalem
Gemüse in Hühnerbrühe

三鲜汤 **sān-xiān tāng** ßan-chiän tang
drei-frisch Suppe
Suppe mit „drei frischen Zutaten"

萝卜海米汤
luó-bo hǎi-mǐ tāng luo-bo hai-mie tang
Rettich getrocknete-Krabben Suppe
Klare Brühe mit Rettich und Krabbenfleisch

三丝鱼翅 **sān sī yú-chì** ßan ßö ü-tschö
drei Streifen Haifischflossen
Haifischflossensuppe mit drei verschiedenen
saisonalen Gemüsesorten

Fast jeder chinesische Koch legt den kulinarischen Begriff „drei frische Zutaten" anders aus.
Ganz klassisch ist die Zusammensetzung: Fleisch, Fisch und Gemüse.

Fleisch- & Fischgerichte

Warme Gerichte finden Sie in fast allen Restaurants. Falls Sie in einem größeren Hotel übernachten, gibt es sie in der 餐厅 **cān-tīng** tsan-ting *Speisesaal.* Die Speisehalle bzw. Kantine einer Firma oder Universität heißt meist 食堂 **shí-táng** schö-tang.

Das klassische Restaurant wie wir es aus Europa kennen, nennt sich 饭馆 **fàn-guǎn** fan-guan, 酒店 **jiǔ-diàn** djiow-diän oder auch 酒家 **jiǔ-jiā** djiow-djia. Kleinigkeiten und weniger gehobene Kost wie Teigtaschen oder Nudelwaren bekommen Sie im „Laden für kleine Esswaren": 小吃店 **xiǎo-chī-diàn** chiau-tschö-diän oder 小吃部 **xiǎo-chī-bù** chiau-tschö-bu.

Schweinefleisch

Nudelbudenbesitzer werten ihre Garküche gern mit einem wohlklingenden Namen auf und verwandeln so ihre drei Resopaltische am Straßenrand in ein vollwertiges Restaurant.

Schweinefleisch gehört in China mit Abstand zu den beliebtesten Zutaten. Wenn nur von „Fleisch" die Rede ist, handelt es sich fast immer um Schwein. Hier sind die Klassiker:

酱爆肉丁
jiàng-bào ròu-dīng djiang-bau row-ding
Sojasoße-sautiert Fleisch-Würfel
Gebratenes Schweinefleisch mit einer Soße aus Sojabohnenpaste

古老肉 **gǔ-lǎo ròu** gu-lau row
alt-alt Fleisch
Schweinefleisch süß-sauer mit Ananas und Paprika

回锅肉 **huí-guō ròu** huäi-guo row
zurückkehren-Topf Fleisch
Zweimal gebratenes Schweinefleisch mit Gemüse der Saison

红烧猪肉
hóng-shāo zhū-ròu hung-schau dschu-row
rot-schmoren Schwein-Fleisch
In Sojasoße und Reiswein geschmortes Schweinefleisch

鱼香肉丝 **yú-xiāng ròu-sī** ü-chiang row-ßö
Fisch-duften Fleisch-Streifen
Schweinefleisch mit Ingwer, Knoblauch
und Essig

葱头猪肉
cōng-tóu zhū-ròu tsung-tow dschu-row
Zwiebeln Schwein-Fleisch
Gebratenes Schweinefleisch mit Zwiebeln
und Gemüse

肉丝炒豆芽
ròu-sī chǎo dòu-yá row-ßö tschau dow-ja
Fleisch-Streifen braten Sojabohnensprossen
Schweinefleisch mit gebratenen Sojabohnen

冬笋炒肉丝
dōng-sǔn chǎo ròu-sī dung-ßun tschau row-ßö
Winter-Bambus braten Fleisch-Streifen
Gebratene dünne Schweinefleisch-Streifen
mit Bambussprossen

蚂蚁上树 **má-yǐ shàng shù** ma-ie schang schu
Ameisen herauf Baum
Gebratene Glasnudeln mit Hackfleischsoße

狮子头 **shī-zi tóu** schö-dsö tow
Löwe Kopf
Hackfleischklößchen mit Kohl
in dunkler Soße

Rindfleisch

Übrigens sollte der Teller in China niemals ganz leer gegessen werden. Nur wenn etwas übrigbleibt, wird es auch im nächsten Jahr genug zu essen geben.

Rindfleisch wird vor allem in Norden Chinas verwendet, dem traditionellen Einzugsgebiet viehtreibender Nomaden. Im dicht besiedelten Süden dagegen, kommt eher Schweine- oder Hühnerfleisch auf den Tisch - und das aus gutem Grund: Hier sind die wenigen Gemüse- und Getreideanbauflächen so wertvoll, dass es in den Augen der Südchinesen schlichtweg Verschwendung wäre, Ackerflächen in Weideland zu verwandeln.

青椒牛肉 **qīng-jiāo niú-ròu** tjing-djiau niow-row
grün-Paprika Rind-Fleisch
Rindfleisch mit Paprika und Chili

水煮牛肉 **shuǐ-zhǔ niú-ròu** schuäi-dschu niow-row
Wasser-kochen Rind-Fleisch
Scharf gewürztes, gekochtes Rindfleisch

沙茶牛肉 **shā-chá niú-ròu** scha-tscha niow-row
feinkörnig-Tee Rind-Fleisch
Rindfleisch in Tee mariniert

雪耳洋葱炒牛肉
xuě-ěr yáng-cōng chǎo niú-ròu
chüä-ör jang-tsung tschau niow-row
Schnee-Ohr Zwiebel braten Rind-Fleisch
Gebratenes Rindfleisch mit weißen Morcheln und Zwiebeln

红烧牛肉 **hóng-shāo niú-ròu** hung-schau niow-row
rot-schmoren Rind-Fleisch
In Sojasoße und Reiswein geschmortes Rindfleisch

洋葱牛肉 **yáng-cōng niú-ròu** janɜ-tsung niow-row
Zwiebel Rind-Fleisch
Rindfleisch mit Zwiebeln

鱼香牛肉 **yú-xiāng niú-ròu** ü-chiang niow-row
Fisch-duften Rind-Fleisch
Rindfleisch mit Ingwer, Knoblauch, Essig

玉兰牛肉 **yù-lán niú-ròu** ü-lan niow-row
Jade-Orchidee Rind-Fleisch
Rindfleisch mit Bambusschößlingen
in Austernsoße

咖喱牛肉 **gā-lí niú-ròu** ga-lie niow-rɔw
Curry Rind-Fleisch
Rindfleisch geschmort in Curry
und Kokosmilch

麻辣牛肉 **má-là niú-ròu** ma-la niow-row
Sesam-scharf Rind-Fleisch
Scharf gewürztes Rindfleisch mit Chili

Günstiger und authentischer als im Restaurant können Sie die lokalen Spezialitäten auf den Nachtmärkten probieren, die es mittlerweile in fast jeder Stadt gibt. Hier konkurrieren ab zirka 18 Uhr hunderte von Garküchen miteinander.

Hähnchenfleisch

Traditionell sind Geflügelgerichte in der chinesischen Küche sehr beliebt. Beim Essen ist jedoch Vorsicht geboten: Kauen Sie alles in Ruhe durch, denn teilweise werden die Hühnerteile samt Knochen serviert. Viele Chinesen schwören darauf, dass das Fleisch so schmackhafter ist.

Auch wenn es eher merkwürdig scheint, gehören Kopf, Flügel und Füsse des Huhns zu den Delikatessen. Bei familiären Einladungen kann es sein, dass genau diese Stücke auf Ihrem Teller landen, schließlich gehört es sich, dem Gast immer die besten Partien zu reservieren.

炸鸡块 **zhá jī-kuài** dscha djie-kuai
frittieren Huhn-Stück
Frittierte Hühnerteile im Teigmantel

香酥鸡 **xiāng-sū jī** chiang-ßu djie
duften-knusprig Huhn
Knuspriges Huhn

糖醋鸡丁 **táng-cù jī-dīng** tang-tsu djie-ding
süß-sauer Huhn-Würfel
Hühnchen süß-sauer

青椒鸡丁 **qīng-jiāo jī-dīng** tjing-djiau djie-ding
grün-Paprika Huhn-Würfel
Huhn mit grünem Paprika und Knoblauch

咖喱鸡肉 **gā-lí jī-ròu** ga-lie djie-row
Curry Huhn-Fleisch
Huhn in Currysoße

红烧鸡块 **hóng-shāo jī-kuài** hung-schau djie-kuai
rot-schmoren Huhn-Stück
Huhn in Sojasoße und Reiswein geschmort

辣子鸡丁 **là-zi jī-dīng** la-dsö djie-ding
scharf-Ding Huhn-Würfel
Mit Chili gewürzte Hühnerteile

宫保鸡丁 **gōng-bǎo jī-dīng** gung-bau djie-ding
(Name) Huhn-Würfel
Scharfes Hühnerfleisch mit Erdnüssen

银银鸡丝 **jīn-yín jī-sī** djin-in djie-3ö
Gold-Silber Huhn-Streifen
Sehr knusprig frittierte Hühnerstreifen

冬笋鸡片 **dōng-sǔn jī-piàn** dung-ßun djie-piän
Winter-Bambus Huhn-Scheiben
Gebratenes Hühnerfilet mit Bambussprossen

香酥鸡腿 **xiāng-sū jī-tuǐ** chiang-ßu djie-tuäi
duften-knusprig Huhn-Schenkel
Würzig frittierter Hühnerschenkel

酱爆鸡丁 **jiàng-bào jī-dīng** djiang-bau djie-ding
Soße-braten Huhn-Würfel
Huhn in Sojasoße gebraten

Der absolute Favorit unter Ausländern ist die gōng-bǎo *gung-bau Kombination mit Chili und Erdnüssen. Ursprünglich ein Hühnergericht, finden Sie die scharfe Würzmischung auch mit anderen Fleisch- und Fischsorten oder mit Tofu.*

Ente

Entenfleisch gilt als absolutes Luxusgericht und man findet es daher nur in guten Restaurants!

菠萝鸭片 **bō-luó yā-piàn** bo-luo ja-piän
Ananas Ente-Scheiben
Entenfilet mit Ananas

北京烤鸭 **běi-jīng kǎo-yā** bäi-djing kau-ja
Peking braten-Ente
Peking-Ente

时菜扒鸭 **shí-cài pá yā** schö-tsai pa ja
Zeit-Gemüse schmoren Ente
Geschmorte Ente mit Gemüse der Saison

酱鸭 **jiàng-yā** djiang-ja
Soße-Ente
Ente in Sojasoße geschmort

豆酱鸭片 **dòu-jiàng yā-piàn** dow-djiang ja-piän
Bohnensoße Ente-Scheiben
Gebratenes Entenfilet in Chili-Bohnen-Soße

姜芽鸭片 **jiāng-yá yā-piàn** djiang-ja ja-piän
Ingwer Ente-Scheiben
Gebratenes Entenfilet mit Ingwer

红烧鸭 **hóng-shāo yā** hung-schau ja
rot-schmoren Ente
Ente in Sojasoße und Reiswein geschmort

Fisch & Meeresfrüchte

Fisch und Meeresfrüchte werden fast überall
angeboten, besonders in Küstenstädten wie
Shanghai, Kanton oder Xiamen.

Gute Restaurants präsentieren die spätere
Hauptspeise lebend im Aquarium an der Ein-
gangstür, wo Sie sich den Fisch meist selbst
aussuchen können. Bei kleineren Gaststätten

sind Fisch und Meeresfrüchte jedoch eine Vertrauenssache. Mit wachsender Entfernung zur Küste empfiehlt es sich eher auf Süßwasserfische auszuweichen.

糖醋全鱼 **táng-cù quán-yú** tang-tsu tjüän-ü
Zucker-Essig vollständig-Fisch
Fisch süß-sauer (wird im Ganzen serviert)

清蒸鱼 **qīng-zhēng yú** tjing-dschèng ü
klar-dämpfen Fisch
Gedämpfter Fisch

脆皮鱼 **cuì-pí yú** tsuäi-pie ü
knusprig-Haut Fisch
Knusprig-gebratener Fisch

红烧鱼 **hóng-shāo yú** hung-schau ü
rot-schmoren Fisch
In Sojasoße und Reiswein geschmorter Fisch

滑溜鱼片 **huá-liū yú-piàn** hua-liow ü-piän
glatt-rutschen Fisch-Scheibe
Fischfilet in Stärkesoße sautiert

炸螃蟹钳
zhá páng-xiè-qián dscha pang-chiä-tjän
frittieren Krebs-Zange
Frittierte Krebsscheren

番茄鱼片 **fān-qié yú-piàn** fan-tjiä ü-piän
Tomate Fisch-Scheibe
Fischfilet mit Tomate

Der besonders in Küstenregionen ausgeprägte Aberglauben rund um Fisch umfasst viele Benimm-Regeln:

Es ist unangemessen, einen Fisch auf dem Teller umzudrehen, da sonst ein Fischerboot kentern könnte.

Fisch komplett mit Kopf und Schwanz serviert, bedeutet dass Dinge „gut anfangen und auch gut enden".

Als glücksbringendes Symbol ist Karpfen in der chinesischen Küche besonders beliebt.

西湖醋鱼 **xī-hú cù yú** chie-hu tsu ü
West-See Essig Fisch
Karpfen in Reiswein-Essig-Soße

Ein bisschen von allem 油焖大虾 **yóu-mèn dà-xiā** jow-mön da-chia
bekommen Sie, wenn *Öl-schmoren groß-Garnele*
Sie 迷你佛挑墙 In Öl geschmorte große Garnelen
mí-nǐ-fó tiào qiáng
mie-nie-fo tiau tjiang 腰果虾仁 **yāo-guǒ xiā-rén** jau-guo chia-rön
bestellen. Wörtlich *Cashewnuss Garnele-geschält*
bedeutet es „Buddha Garnelenfleisch mit Cashewnüssen
springen Mauer"
und Sie bekommen 炸蟹球 **zhá xiè-qiú** dscha chia-tjiow
dann ein gemischtes *frittieren Krabben-Kugel*
Gemüsegericht mit Frittierte Krabbenfleischbällchen
verschiedenen
Fleischsorten und 虾仁豆腐 **xiā-rén dòu-fu** chia-rön dow-fu
Meeresfrüchten. *Garnele-geschält Tofu*
Gebratener Tofu mit Garnelen

Vor der Zubereitung 醉虾 **zuì xiā** tsuäi chia
werden die Garnelen *betrunken Garnele*
lebend in Reiswein Garnelen in Brühe gekocht
mariniert, daher auch
„betrunken"! 蒜茸蒸中虾 **suàn róng zhēng zhōng xiā**
ßuan rung dschöng dschung chia
Knoblauch zart saftig dämpfen Mitte Garnele
Gedämpfte Garnelen mit Knoblauch

红烧鱼翅 **hóng-shāo yú-chì** hung-schau ü-tschö
rot-schmoren Fisch-Haifischflosse
In Sojasoße und Reiswein geschmorte Haifischflossen

宫保墨鱼卷
gōng-bǎo mò-yú juǎn gung-bau mo-ü djüän
(Name) Tintenfisch Rolle
Tintenfischröllchen mit Chili und
Erdnüssen

炒龙虾片
chǎo lóng-xiā-piàn tschau lung-chia-piän
sautieren Languste-Scheibe
Gebratenes Langustenfleisch

天下第一菜 **tiān-xià dì-yī cài** tiän-chia die-ie tsai
Himmel-darunter (Ordnungszahl)-eins Gericht
Knusperreis mit Krabben

芙蓉鲜贝 **fú-róng xiān bèi** fu-rung chiän-bäi
Hibiskus frisch Muschel
Frische Muscheln mit gebratenem Eiweiß

鱼香鲜贝 **yú-xiāng xiān-bèi** ü-chiang chiän-bäi
Fisch-duften frisch-Schalentier
Muscheln in Ingwer, Knoblauch und Essig

天香鲍鱼 **tiān-xiāng bào-yú** tiän-chiang bau-ü
Himmel-duften Abalone
Abalonenfilet mit Austernsoße

Lamm, Hammel & Ziege

Egal ob Lamm-, Hammel-, Schaf- oder Ziegenfleisch, alles nennt sich **yáng** jang. Es wird
vor allem in den moslemischen Gebieten
Westchinas sowie in der Inneren Mongolei
serviert, wo Schweinefleisch aus religiösen
Gründen nicht gegessen wird. Und die nicht-
Muslimen essen es auch häufiger, weil es hier
nun einmal viel angeboten wird.

**Ob sich hinter dem
yáng auf Ihrem Teller
Schafsfleisch oder
Ziegenfleisch verbirgt,
entscheidet der Koch,
daher steht in der
Wort-für-Wort-
Übersetzung einfach
immer „Schaf".*

白扒羊肉条
bái pá yáng-ròu tiáo bai pa jang-row tiau
einfach geschmort Schaf-Fleisch Streifen
Geschmortes Lammfleisch* mit Gemüse

锅烧羊肉
guō-shāo yáng-ròu guo-schau jang-row
Topf-schmoren Schaf-Fleisch
Im Tontopf geschmortes Lammfleisch*

风味烤羊腿
fēng-wèi kǎo yáng-tuǐ föng-wäi kau jang-tuäi
Geschmack grillen Schaf-Bein
Gebratene Lammkeule*

香辣羊排 **xiāng-là yáng-pái** chiang-la jang-pai
duften-scharf Schaf-Reihen
Scharf gewürzte Lammkoteletts*

烤羊肉串
kǎo yáng-ròu chuàn kau jang-row tschüän
grillen Schaf-Fleisch aufreihen
Gegrilltes Lammfleisch* am Spieß

葱炮羊肉
cōng bāo yáng-ròu tsung-bau jang-row
Zwiebeln sautieren Schaf-Fleisch
Gebratenes Lammfleisch* mit Zwiebeln

香菜羊肉
xiāng-cài yáng-ròu chiang-tsai jang-row
Koriander Schaf-Fleisch
Lammfleisch* mit Koriander

腐乳羊肉 **fǔ-rǔ yáng-ròu** fu-ru jang-row
fermentierter-Tofu Schaf-Fleisch
Lammfleisch* in Tofusoße

羊肉条扒白菜
yáng-ròu-tiáo pá bái-cài jang-row tiau pa bai tsai
Schaf-Fleisch-Streifen schmoren weiß-Kohl
Geschmortes Lammfleisch* mit Weißkohl

红烧羊肉
hóng-shāo yáng-ròu hung-schau jang-row
rot-schmoren Schaf-Fleisch
In Sojasoße und Reiswein geschmortes
Lammfleisch*

糖醋熘羊尾
táng-cù liū yáng-wěi tang-tsu liow jang-uäi
Zucker-Essig sautiert Schaf-Schwanz
Schafschwanz* süß-sauer

涮羊肉火锅
shuàn yáng-ròu huǒ-guō
schuan jang-row huo-guo
Fondue Schaf-Fleisch Feuer-Topf
Lammfleisch* Feuertopf (Brühe-Fondue)

Gemüse- & Tofugerichte

Vegetarier dürfen in China aufatmen: Gemüse spielt traditionell eine große Rolle, denn längst nicht alle Chinesen können sich jeden Tag Fleisch oder Fisch leisten. Gerade in den ärmeren Gebieten kommt es nur zu besonderen Gelegenheiten auf den Tisch. Die Zubereitung: Um Farbe, Biss und Eigengeschmack zu bewahren, wird das Gemüse fein gewürfelt und im Wok sehr heiß gebraten.

菠菜粉丝 **bō-cài fěn-sī** bo-tsai fön-ßö
Spinat Glasnudeln
Gebratener Spinat mit Glasnudeln

西红柿炒蛋
xī-hóng-shì chǎo-dàn chie-hung-schö tschau-dan
Tomate kurzbraten-Ei
Gebratene Tomaten mit Rührei (auch gesüßt)

青椒土豆丝
qīng-jiāo tǔ-dòu sī tjing-djiau tu-dow ßö
grün-Paprika Kartoffeln Streifen
Gebratenes Mischgemüse aus grünem
Paprika und feinen Kartoffelstreifen

菠菜鸡蛋　**bō-cài jī-dàn** bo-tsai djie-dan
Spinat Huhn-Ei
Spinat mit gebratenem Hühnerei

炒青菜 **chǎo qīng-cài** tschau tjing-tsai
braten grün-Gemüse
Gebratenes grünes Gemüse (oft Raps)

炒蔬菜 **chǎo shū-cài** tschau schu-tsai
braten Gemüse
Gebratenes gemischtes Gemüse der Saison

炒豆苗 **chǎo dòu-miáo** tschau dow-miau
braten Bohne-Sprosse
Gebratene Sojabohnensprossen

鱼香茄子 **yú-xiāng qié-zi** ü-chiang tjiä-dsö
Fisch-duften Aubergine
Gebratene Auberginen in Ingwer, Knoblauch
und Essig

炸茄子 **zhá qié-zi** dscha tjiä-dsö
frittieren Aubergine
Frittierte Auberginen

合菜戴帽 **hé-cài dài mào** hö-tsai dai mau
zusammen-Gemüse tragen Mütze
Gemischtes Gemüse mit Ei überbacken

蔬菜锅巴 **shū-cài guō-bā** schu-tsai guo-ba
Gemüse Topf-Kruste
Gemischtes Gemüse auf Knusperreis

kōng-xīn-cài ist ein 蒜泥空心菜
grünes Blattgemüse **suàn ní kōng-xīn cài** ßuan-nie kung-chin tsai
mit hohem Stengel *Knoblauch leeres-Herz Gemüse*
und schmeckt ähnlich Grünes Blattgemüse mit Knoblauch
wie Spinat!

炒二冬 **chǎo èr-dōng** tschau ör-dung
braten zwei-Winter
Gebratene Pilze und Bambussprossen (meist)

蘑菇油菜 **mó-gu yóu-cài** mo-gu jow-tsai
Pilze Öl-Gemüse
Gebratene Pilze mit Rapsgemüse

炸藕子 **zhá ǒu-zi** dscha ow-dsö
frittieren Lotuswurzel
Frittierte Lotuswurzeln

蚝油西兰花
háo-yóu xī-làn-huā hau-jow chie-lan-hua
Austern-Öl Brokkoli
Brokkoli in Austernsoße

Tofu (Sojabohnenquark)

Appetitlich sieht er auf Anhıeb nicht aus. Nicht einmal besonderen Geschmack sagt man dem Tofu nach – doch genau hier liegt der Vorteil der vegetarischen Proteinbombe. Tofu nimmt praktisch jeden Geschmack an.

红烧豆腐 **hóng-shāo dòu-fu** hung-schau dow-fu
rot-schmoren Tofu
In Sojasoße und Reiswein geschmorter Tofu

麻婆豆腐 **má-pó dòu-fu** ma-po dow-fu
pockennarbig-alte-Frau Tofu
Weicher Tofu, Schweinegehacktes und Bambus in scharfer Chilisoße

沙锅豆腐 **shā-guō dòu-fu** scha-guo dow-fu
feinkörnig-Topf Tofu
Tofu im Tontopf (mit Pilzen und Bambus)

豆腐白菜 **dòu-fu bái-cài** dow-fu bai-tsai
Tofu weiß-Gemüse
Tofu mit Weißkohl

麻辣豆腐 **má-là dòu-fu** ma-la dow-fu
Sesam-scharf Tofu
Tofu in scharfer Chili-Soße (sehr scharf !)

Gute chinesische Köche beherrschen die Kunst der Täuschung geradezu perfekt und zaubern Speisen, deren rein vegetarische Natur erst auf den zweiten Blick zu erkennen ist.

Aber: Nicht jedes Tofugericht verzichtet automatisch auf Fleisch oder Fisch-Zutaten.

Ein wenig warnen muss man vor 臭豆腐 chòu dòu-fu tschow dow-fu. *Es handelt sich um vergorenen Tofu, der in punkto Geruch sogar Stinkkäse in den Schatten stellt.*

大葱炒豆腐
dà-cōng chǎo dòu-fu da-tsung tschau dow-fu
groß-Röhrenlauch braten Tofu
Gebratener Tofu mit Lauch

家常豆腐 **jiā-cháng dòu-fu** djia-tschang dow-fu
Familie-allgemein Tofu
Tofu nach Hausmannsart (mit Pilzen)

炸腐皮卷 **zhá fǔ-pí juǎn** dscha fu-pie djüän
frittieren Tofu-Haut einrollen
Gebratene Tofu-Rouladen mit Schweinefleisch

炒豆腐 **chǎo dòu-fu** tschau dow-fu
braten Tofu
Gebratener Tofu

炸豆腐 **zhá dòu-fu** dscha dow-fu
frittieren Tofu
Frittierter Tofu

Hund & andere Skurrilitäten

Kantonesen, so behaupten böse Zungen, essen alles was vier Beine hat und kein Tisch ist. Ganz so schlimm ist es nicht, aber je weiter Sie nach Süden reisen, desto eher finden sich seltsame Gerichte auf der Speisekarte.

Tückischerweise offenbaren sich z. B. Katze, Schildkröte und Hund auch für Chinesischkundige Reisende nicht immer auf den ersten Blick: Oft verwenden die Köche und Speisekarten-Dichter geradezu poetische Begriffe, deren wahre Bedeutung auch mit dem Wörterbuch nur schwer zu erkennen ist. So entsprechen sich die folgenden Bezeichnungen:

Wer absolut sicher gehen will, hält sich entweder an günstige Gerichte oder weicht auf vegetarische Speisen aus.

狗 **gǒu** gow Hund
= 香肉 **xiāng-ròu** chiang-row *duften-Fleisch*
猫 **māo** mau Katze
= 虎 **hǔ** hu *Tiger*
蛇 **shé** schö Schlange
= 龙 **lóng** lung *Drache*
蛙 **wā** ua Frosch
= 田鸡 **tián-jī** tiän-djie *Feldhuhn*
龟 **guī** guäi Schildkröte
= 水鱼 **shuǐ-yú** schuäi-ü *Wasser-Fisch*

Allzu große Angst vor dem versehentlichen Verzehr der kantonesischen Spezialitäten braucht aber niemand zu haben, denn „Je skurriler desto teurer" lautet die Devise der Spezialitäten-Restaurants.

Mehrere hundert Euro müssen Sie für eine echte Schwalbennester-Suppe auf den Tisch legen. Die Nester bestehen aus dem vorverdauten Protein kleiner Fische, Krabben und Seetang. Teuer sind sie, weil die Nester aus schwindelerregender Höhe bei einer ungesicherten Kletterpartie „geerntet" werden müssen.

燕窝汤 **yàn-wō tāng** jän-uo tang
Schwalbe-Nest Suppe
Schwalbennestersuppe

鱼肠 **yú-cháng** ü-tschang
Fisch-Darm
Fisch-Eingeweide

拌蜇/蛇皮 **bàn zhé/shé pí** ban dschö/schö pie
gemischt Qualle/Schlange-Haut
Gemischter Quallensalat

香油蛰皮
xiāng-yóu zhé-pí chiang-jow dschö-pie
duften-Öl Qualle-Haut
Qualle in Sesamöl

老猫老鸡炖三蛇
lǎo-māo lǎo-jī dùn sān shé
lau-mau lau-djie dun ßan schö
alt-Katze alt-Huhn schmoren drei Schlange
Suppe mit Katze, Huhn und Schlange

龙虎凤大会
lóng hǔ fèng dà-huì lung hu föng da-huäi
Drachen Tiger Phönix groß-Versammlung
Ragout aus Schlangen-, Katzen- und Hühnerfleisch

双冬蛇段
shuāng-dōng shé-duàn schuang-dung schö-duan
Paar-Winter Schlange-Teil
Schlange mit Pilzen und Bambus (meist)

气锅蘑菇甲鱼
qì-guō mó-gu jiǎ-yú tjie-guo mo-gu djia-ü
Dampfkochtopf Pilze Weichschildkröte
Gedämpfte Schildkröte mit Pilzen

油泡牛蛙 **yóu pào niú-wā** jow pau niow-ua
Öl einweichen Ochsenfrosch
In Öl eingeweichter Ochsenfrosch

炒田鸡腿 **chǎo tián-jī tuǐ** tschau tiän-djie tuäi
braten Feld-Huhn Schenkel
Gebratene Frosch-Schenkel

牛百叶 **niú bǎi yè** niow bai jä
Rind hundert Seiten
Gebratene Rinder-Kutteln

龙虎斗 **lóng hǔ dòu** lung hu dow
Drache Tiger Kampf
Ragout aus Schlange und Katzenfleisch

辣子狗肉 **là-zi gǒu-ròu** la-dsö gow-row
Chili Hund-Fleisch
Scharf gewürztes Hundefleisch

Unverzichtbar: Reis & Nudeln

Beilagen wie Reis oder Nudeln gehören in China nicht zum Menü. Sie müssen immer separat bestellt werden und kommen erst auf den Tisch, wenn die Hauptspeisen bereits gegessen sind – ausschließlich zur Sättigung.

Klassisch ist der gekochte Reis, meist Jasmin- oder Duftreis, da er gut an den Stäbchen haftet. Besonders kleine Restaurants und Garküchen bieten auch gebratenen Reis und/oder gebratene Nudeln mit diversen Zutaten an.

白饭 **bài-fàn** bai-fan
weiß-Reis
Gekochter Reis

咖喱炒饭 **gā-lí chǎo-fàn** ga-lie tschau-fan
Curry braten-Reis
Gebratener Curry-Reis

蛋炒饭 **dàn chǎo-fàn** dan tschau-fan
Ei braten-Reis
Gebratener Reis mit Ei

葱炒面 **cōng chǎo-miàn** tsung tschau-miän
Zwiebel braten-Nudeln
Gebratene Nudeln mit Frühlingszwiebeln

炒面 **chǎo-miàn** tschau-miän
braten-Nudeln
Gebratene Nudeln

什锦炒饭
shí-jǐn chǎo-fàn schö-djin tschau-fan
gemischt braten-Reis
Bratreis mit gemischtem Gemüse & Fleisch

担担面 **dàn-dàn miàn** dan-dan miän
(Eigenname) Nudeln
Scharf gewürzte Nudeln mit Chili

蔬菜炒面
shū-cài chǎo-miàn schu-tsai tschau-miän
Gemüse braten-Nudeln
Gebratene Nudeln mit gemischtem Gemüse

米粉 **mǐ-fěn** mie-fön	粉丝 **fěn-sī** fön-ßi
Reis-Mehl	*Mehl-Faden*
Nudeln aus Reismehl	Glasnudeln

Für den süßen Zahn

Nachspeisen im Restaurant gibt es wenige und selten. Süßspeisen und Gebäck finden Sie eher im privaten Umfeld oder in den 咖啡厅 **kā-feī-tīng** ka-fäi-ting, den Kaffeebuden der Großstädte. Für den westlichen Geschmack sind viele der Süßspeisen zu fade oder überzuckert.

Unter den Begriffen 蛋糕 **dàn-gāo** dan-gau oder 糕点 **gāo-diǎn** gau-diän finden Sie gelben, braunen oder rosa Rührkuchen mit Zuckercreme-Füllung.

Für den süßen Zahn

Beliebte Zutaten der klassischen chinesischen Süßspeisen sind Sesam, Datteln, Nüsse, Klebreismehl und als Füllung die süße, rote Bohnenpaste.

琉璃苹果 **liú-li píng-guǒ** liow-lie ping-guo
Farbglasur Apfel
Glasierte Äpfel

糖核桃 **táng hé-tao** tang hö-tau
Zucker Walnuss
Glasierte Walnüsse

豆花 **dòu-huā** dow-hua
Bohne-Blume
Süßer Tofu in Zucker-Sirup

Im lóng-yǎn doù-fu ist kein Tofu enthalten. Er ist mit Gelatine oder Agar-Agar hergestellt und bekommt dadurch eine steife Konsistenz wie Tofu.

龙眼豆腐 **lóng-yǎn dòu-fu** lung-jän dow-fu
Drachenauge Tofu
Gelee mit Longanfrüchten

芝麻糊 **zhī-ma hù** dschö-ma hu
Sesam Paste
Dessertcreme aus schwarzen Sesamsamen, Klebreismehl und Zucker

芝麻糖团 **zhī-ma táng tuán** dschö-ma tang tuan
Sesam Zucker Klößchen
Süße Hefe-Klößchen mit Sesampüree gefüllt

红豆汤 **hóng-dòu tāng** hung-dow tang
rot-Bohnen Suppe
Süße Bohnensuppe aus Lotussamen, Mandarinenschalen und Roten Bohnen

豌豆黄 **wān-dòu huáng** uan-dow huang
Erbse gelb
Kuchen aus Erbsenmehl

八宝饭 **bā-bǎo-fàn** ba-bau-fan
acht-Schätze-Reis
Süßer Reispudding mit Lotus-, Kürbis- und
Pinienkernen, Datteln, kandierten Früchten,
roter Bohnenpaste, Rosinen und Nüssen

腊八粥 **là-bā zhōu** la-ba-dschow
letzter-Monat-des-Mondkalenders-acht Reisbrei
Reisbrei mit Trockenfrüchten und Nüssen

麻团 **má-tuán** ma-tuan
Sesam-Klößchen
Sesam-Bällchen mit roter Bohnenpaste

糯米团 **nuò-mǐ tuán** nuo-mie tuan
Klebreis-Klößchen
Klebreis-Bällchen mit roter Bohnenpaste
und Koskoskruste

*là-bā-zhōu werden Sie
in der Regel nicht
immer bekommen:
Wörtlich übersetzt ist
der „Reisbrei des 8.12."
eine der klassischen
Speisen des chinesischen
Neujahrsfest, dessen
Vorbereitungen offiziell
am achten Tag des
zwölften Monats im
alten Jahr beginnen.*

Wenn Sie keinen Wert auf süße Experimente
legen, empfiehlt es sich auf Eiskrem 冰淇淋
bīng-qǐ-lín bing-tjie-lin auszuweichen:

草莓冰淇淋 **cǎo-méi bīng-qǐ-lín**
tsau-mäi bing-tjie-lin Erdbeer-Eis
香蕉冰淇淋 **xiāng-jiāo bīng-qǐ-lín**
chiang-djiau bing-tjie-lin Bananen-Eis
巧克力冰淇淋 **qiǎo-kè-lì bīng-qǐ-lín**
tjiau-kö-lie bing-tjie-lin Schokoladen-Eis
香草冰淇淋 **xiāng-cǎo bīng-qǐ-lín**
chiang-tsau bing-tjie-lin Vanille-Eis
绿茶冰淇淋 **lǜ-chá bīng-qǐ-lín**
lü-tscha bing-tjie-lin Grüner-Tee-Eis

Obst

So verlockend das Früchteangebot auch sein mag: Waschen Sie die Früchte immer ausgiebig, wenn möglich mit Mineralwasser oder weichen Sie auf schälbares Obst aus.

菠萝/凤梨	**bō-luó/fèng-lí**	bo-luo/föng-lie	Ananas
苹果	**píng-guǒ**	ping-guo	Apfel
杏子	**xìng-zi**	ching-dsö	Aprikose
香蕉	**xiāng-jiāo**	chiang-djiau	Banane
梨子	**lí-zi**	lie-dsö	Birne
枣子	**zǎo-zi**	dsau-dsö	Dattel
草莓	**cǎo-méi**	tsau-mäi	Erdbeeren
无花果	**wú-huā-guǒ**	u-hua-guo	Feige
石榴	**shí-liù**	schö-liow	Granatapfel
哈密瓜	**hā-mì-guā**	ha-mie-gua	Honigmelone
樱桃	**yīng-táo**	ing-tau	Kirsche
椰子	**yē-zi**	jä-dsö	Kokosnuss
桔子	**jú-zi**	djü-dsö	Mandarine
芒果	**máng-guǒ**	mang-guo	Mango
橙子	**chéng-zi**	tschöng-dsö	Orange
柚子	**yòu-zi**	jow-dsö	Pampelmuse
桃子	**táo-zi**	tau-dsö	Pfirsich
李子	**lǐ-zi**	lie-dsö	Pflaume
葡萄	**pú-táo**	pu-tau	Trauben
西瓜	**xī-guā**	chie-gua	Wassermelone
柠檬	**níng-méng**	ning-möng	Zitrone/Limone

Man kann in China auch allerhand Exoten ausprobieren wie 梨苹果 **lí-píng-guǒ** lie-ping-guo *Apfel-Birne*. Äußerlich erinnert die Frucht an eine runde Birne, schmeckt aber nach Apfel.

Die hellgrüne 香石榴 **xiāng-shí-liú** chiang-schö-liow *Guave* (auch 芭了 **bā-lè** ba-lə genannt) hingegen sieht dem Apfel nicht nur ähnlich, sondern schmeckt auch so. Weit verbreitet sind auch die knallgelben 杨桃 **yáng-táo** jang-tau *Karambola,* die unübersehbar an einen Stern erinnern und daher auch „Sternfrucht" genannt werden.

Die kleinen alt-rosa 荔枝 **lì-zhī** lie-dschö *Litschi* ähneln geschmacklich den hellbraunen, runden 龙眼 **lóng-yǎn** lung-jän *Longan-Früchten.* Im Inneren sind beide gallert-artig weiß. Weniger bekannt sind 枇杷 **pí-pa** pie-pa *Loquat:* Etwa eier-groß und blass-orange erinnern sie von außen ein wenig an Kakteenfrüchte.

Besonders beliebt sind die knallgelben 木瓜 **mù-guā** mu-gua *Papaya,* deren orange-farbenes Fruchtfleisch ein wenig muffig schmeckt. Die Kerne im Inneren sind übrigens nicht essbar. Mehr orange Farbe hat die 柿子 **shì-zi** schö-tsö *Persimone (Khaki),* deren Fruchtfleisch ein wenig pelzig schmeckt.

Die kleinen weißen 莲子 **lián-zi** län-dsö *Lotussamen* werden nicht roh gegessen, sondern vor allem für süße Desserts verwendet.

Besonders auffallen dürften Ihnen die lilafarbenen (teils auch gelben) 百香果 **bǎi-xiāng-guǒ** bai-chiang-guo *Passionsfrüchte,* auch als Maracuja bekannt.

Die langen braunen 甘蔗 **gān-zhe** gan-dschö *Zuckerrohrstangen* sind ebenfalls nicht zu übersehen. Das geschälte, faserige Innere wird nur gekaut und dann ausgespuckt.

Mit Schale essbar sind die Guave und die Karambola. Die meisten anderen Früchte haben eine ungenießbare Schale, die Sie zuvor entfernen sollten: Litschi, Longan-Früchte, Loquat, Passionsfrucht, Papaya und Persimone.

Westliche Genüsse

Es kommt der Tag an dem Sie kulinarisches Heimweh bekommen und unbedingt ein westliches Frühstück haben möchten.

Brot & Cerealien

面包	**miàn-bāo**	miän-bau	Brot
小面包	**xiǎo miàn-bāo**	chiao miän-bau	Brötchen
可颂	**kě-sòng**	kö-sung	Croissant
三明治	**sān-míng-zhì**	ßan-ming-dschö	Sandwich
黑面包	**hēi-miàn-bāo**	häi-miän-bau	Schwarzbrot
土司	**tǔ-sī**	tu-ßö	Toastbrot
面包干	**miàn-bāo-gān**	miän-bau-gan	Zwieback
麦片	**mài-piàn**	mai-piän	Haferflocken

Wenn das obige Wörtchen für „Toast" nicht verstanden wird, muss man eben um eine „gebackene Brotscheibe" bitten: 烤面包片 **kǎo-miàn-bāo-piàn** kau-miän-bau-piän.

Milchprodukte

Milch steht traditionell nicht auf dem chinesischen Speisezettel. Zum einen ist die Rinderzucht nicht sehr verbreitet, zum anderen fehlt den meisten Chinesen das zur Milchverdauung erforderliche Laktase-Enzym.

Aber Jogurt in Pfandflaschen finden Sie an vielen Straßenständen, wo man ihn gleich per Strohhalm 吸管 **xī-guǎn** chie-guan verzehrt.

Westliche Genüsse 🍴🍸

Käse gibt es nur selten, meist als Importprodukte zu horrenden Preisen in den Supermärkten der Großstädte. In Nord- und West-China haben Sie schon eher die Chance, auf lokale Käsesorten zu treffen, allerdings ist auch hier die Auswahl recht gering.

niú-nǎi	niow-rai	Milch	牛奶
huáng-yóu	huang-jow	Butter	黄油
suān-nǎi	ßuan-rai	Jogurt	酸奶
nǎi-lào	nai-lau	Käse	奶酪
nǎi-yóu	nai-jow	Sahne	奶油

zum Brot

zhí-wù-yóu	dschö-u-jow	Margarine	植物油
fēng-mì	föng-mie	Honig	蜂蜜
guǒ-jiàng	guo-djiang	Marmelade	果酱
jiān jī-dàn	djiän djie-dan	Omlette	煎鸡蛋
nèn dàn	nön dan	weichgekochtes Ei	嫩蛋
xiāng-cháng	chiang-tschang	Wurst	香肠
huǒ-tuǐ	huo-tuäi	Schinken	火腿
shú huǒ-tuǐ	schu huo-tuäi	Kochschinken	熟火腿

Kaffee, Tee & Co.

kā-fēi	ka-fäi	Kaffee	咖啡
niú-nǎi kā-fēi	niow-nai ka-fäi	Milchkaffee	牛奶咖啡
sù-róng kā-fēi	ßu-rung ka-fäi	Instantkaffee	速溶咖啡
mó-kǎ	mo-ka	Mokka	摩卡
kě-kě	kö-kö	Kakao	可可
bīng hóng-chá	bing-hung-tscha	Eistee	冰红茶
bīng kā-fēi	bing-ka-fäi	Eiskaffee	冰咖啡

Wenn Sie koffeinfreien Kaffee bevorzugen, fragen sich einfach nach:

没有咖啡因的咖啡
méi-yǒu kā-fēi-yīn de kā-fēi
mäi-jow ka-fäi-in dö ka-fäi
nicht-haben Koffein (BP) Kaffee
koffeinfreier Kaffee

Fastfood

Praktisch alle westlichen Fastfood-Ketten findet man mittlerweile in den Einkaufsstraßen der chinesischen Innenstädte.

In der Nähe der Wohnheime für ausländische Studenten findet man gemütliche Lokale mit einem Mix aus chinesischer und westlicher Küche, sie nennen es 西餐 **xī-cān** chie-tsan *westliches Essen*. Hundert-prozentig europäische Küche sollte man nicht erwarten, dafür aber gute Preise, englische Speisekarten und viele Kontaktmöglichkeiten.

Ein Hamburger ist ein 汉堡包 **hàn-bǎo bāo** han-bau bau, ein doppelter ein 双层汉堡包 **shuāng-céng hàn-bǎo bāo** schuang-tsöng han-bau bau, ein Cheeseburger heißt 吉士汉堡包 **jí-shì hàn-bǎo bāo** djie-schö han-bau bau und ein doppelter 双层吉士汉堡包 **shuāng-céng jí-shì hàn-bǎo bāo** schuang tsöng djie-schö han-bau bau.

Die beliebten „Chicken-Nuggets" nennt man 鸡块 **jī-kuài** djie-kuai, wenn sie mit Knochen serviert werden und ohne Knochen: 无骨鸡块 **wú-gǔ jī-kuài** u-gu djie-kuai.

Die unverzichtbaren Pommes frites nennt man 土豆条 **tǔ-dòu-tiáo** tu-dow-tiau oder aber 薯条 **shǔ-tiáo** schu-tiau.

Eher selten zu finden ist Majonäse: 蛋黄酱
dàn-huáng jiāng dan-huang djiang.

bǐ-sà	bie-ßa	Pizza	比萨
fān-qié jiāng	fan-tjiä djiang	Ketchup	番茄酱
jiè-mo	djiä-mo	Senf	芥末
shā-lā	scha-la	Salat	沙拉
shā-lā jiāng	scha-la djiang	Salatdressing	沙拉酱

Tee & Prost!

Das beliebteste aller Getränke ist in China nicht nur aus Preisgründen abgekochtes Wasser: 开水 **kāi-shuǐ** kai-schuäi. Selbst die billigsten Herbergen stellen eine 热水瓶 **rè-shui-píng** rö-schuäi-ping *Thermoskanne* aufs Zimmer und sorgen täglich für frischen Nachschub. Auch im Zug gibt es Samoware mit heißem Wasser im 热水房 **rè-shuǐ-fáng** rö-schuäi-fang – einem eigens dafür eingerichteten Abteil.

Der ständige Begleiter: Grüner Tee

Mit Tee meint man in China im Allgemeinen grünen unfermentierten Tee. Der in Europa beliebte, voll-fermentierte Schwarztee ist in China zwar bekannt, wird aber nur selten getrunken. Besonders teuer ist halb-fermentierter Oolong-Tee, dessen Spitzen-Sorten mehrere hundert Euro pro Pfund kosten können. Im Restaurant wird Ihnen immer eine kos-

Reisende Chinesen haben oft ein Glas mit Schraubverschluss dabei und füllen immer wieder heißes Wasser und eventuell Teeblätter nach.

tenlose Tasse grüner Tee angeboten. Hier handelt es sich um „offene" Tees, deren Blätter in der Tasse bleiben und immer wieder mit heißem Wasser neu aufgegossen werden.

热饮	**rè-yǐn**	rö-in	Heiße Getränke
茶	**chá**	tscha	Tee
绿茶	**lǜ-chá**	lü-tscha	Grüner Tee
红茶	**hóng-chá**	hung-tscha	Schwarzer Tee
乌龙茶	**wū-lóng-chá**	u-lung-tscha	Oolong-Tee
花茶	**huā-chá**	hua-tscha	Jasmintee
菊花茶	**jú-huā-chá**	djü-hua-tscha	Chrysanthementee
参茶	**shēn-chá**	schön-tscha	Ginseng Tee

Bestellen Sie schwarzen Tee im Hotel oder touristischen Lokalen, können Sie fragen:

Die Frage nach Milch, Zitrone und Zucker stößt in China oft auf Unverständnis, da grüner Tee und Oolong-Tee ohne Zusätze getrunken werden.

带牛奶的红茶
dài niú-nǎi de hóng-chá
dai niu-nai dö hung-tscha
enthalten Milch (BP) rot-Tee
Schwarzer Tee mit Milch

带柠檬汁的红茶
dài níng-méng-zhī de hóng-chá
dai ning-möng-dschö dö hung-tscha
enthalten Zitronensaft (BP) rot-Tee
Schwarzer Tee mit Zitrone

你有没有糖?
nǐ yǒu méi-yǒu táng nie jow mäi-jow tang
du haben nicht-haben Zucker
Haben Sie Zucker?

Kalte Getränke

Auch 矿泉水 **kuàng-quán-shuǐ** kuang-tjüän-schuäi – stilles Mineralwasser und 苏打水 **sū-dǎ-shuǐ** ßu-da-schuäi Wasser mit Kohlensäure sind erhältlich. Achten Sie darauf, dass der Verschluss noch versiegelt ist. An Bahnhöfen verdienen sich findige Verkäufer mit abgefülltem Kranwasser etwas dazu.

Falls Sie sich nicht sicher sind, ob das angebotene Getränk Kohlensäure enthält, können Sie nachfragen:

这个饮料有没有气?

zhè-ge yǐn-liào yǒu méi-yǒu qì?
dschö-gö in-liau jow mäi-jow tjie
dies-Stück Getränk haben nicht-haben Gas
Ist dies ein Getränk mit Kohlensäure?

lěng-yǐn	löng-in	Kalte Getränke	冷饮
qì-shuǐ	tjie-schuäi	Limonade	汽水
kě-kǒu kě-lè	kö-kow kö-lö	Coca-Cola	可口可乐
bǎi-shì kě-lè	bai-schö kö-lö	Pepsi-Cola	百事可乐
fēn-dá	fön-da	Fanta	芬达
méi-nián-dá	mäi-niän-da	Mirinda	美年达
xuě-bì	chüe-bie	Sprite	雪碧
qì-xǐ	tjie-chie	SevenUp	气喜
jú-zi-shuǐ	djü-dsö-schuäi	Orangenlimo	桔子水
guǒ-zi-zhī	guo-dsö-dschö	Fruchtsaft	果子汁
jú-zi-zhī	djü-dsö-dschö	Orangensaft	桔子汁
yē-nǎi	jä-nai	Kokosmilch	椰奶
bā-lè-zhī	ba-lö-dschö	Guavensaft	芭了汁
máng-guǒ-zhī	mang-guo-dschö	Mangosaft	芒果汁

Bier

Biertrinker dürfen sich auf eine große Auswahl lokaler und importierter Biere freuen. Am bekanntesten ist das 青岛啤酒 **qīng-dǎo pí-jiǔ** tjing-dau pie-djiow *Tsingtao Bier*, das seit 1903 in der ehemaligen deutschen Kolonie Qingdao nach dem Reinheitsgebot gebraut wird. Man bekommt immer eine ganze Flasche 啤酒 **pí-jiǔ** pie-djiow *Bier* serviert.

In der Gesellschaft anderer sollten Sie harte Alkoholika nie allein trinken, sondern immer auch ihren Begleitern nachschenken und mit einem herzhaften **gān-bēi** *(wörtlich: trockenes-Glas) zuprosten.*

Wein

Echte Weinliebhaber haben in China schlechte Karten. Zwar gibt es einige lokale, annehmbare Marken, wie 朝代葡萄酒 **cháo-dài pú-táo-jiǔ** tschau-dai pu-tau-djiow „Dynastie"-Wein oder 长城葡萄酒 **cháng-chéng pú-táo-jiǔ** tschang-tschöng pu-tau-djiow „Große Mauer"-Wein; ausländische Weine sind jedoch nur schwer zu bekommen.

Stattdessen finden Sie viele Reisweinsorten, die sich aufgrund ihres Alkoholgehaltes bis zu 25% eher als Absacker eignen. Die bekannteste Marke: 绍兴老酒 **shào-xīng lǎo-jiǔ** schauching lau-djiow *Shaoxing-Reiswein*. In Süd-China treffen Sie auch auf Obstweine, z. B. 梅酒 **méi-jiǔ** mäi-djiow *Pflaumenwein*.

红葡萄酒	**hóng pú-táo-jiǔ**	hung pu-tau-djiow	Rotwein
白葡萄酒	**bái pú-táo-jiǔ**	bai pu-tau-djiow	Weißwein
香槟酒	**xiāng-bīn-jiǔ**	chiang-bin-djiow	Sekt
黄酒	**huáng-jiǔ**	huang-djiow	Reiswein

Harte Sachen

Der furchterregenste unter den Schäpsen ist der 白酒 **bái-jiǔ** bai-djiow, *heller Getreide-Schnaps*, der in Hunderten von lokalen Varianten mit bis zu 65% Alkohol gebrannt wird. Er riecht intensiv moderig nach feuchtem Stroh.

Viele Chinesen vertragen zwar nur geringe Mengen Alkohol – auch hier fehlt ein Enzym – doch darauf verlassen sollte man sich nicht. Wer einmal beim Wett-Trinken mitgehalten hat, kann hinterher kaum aussteigen. Wenn Sie dennoch vor der Alkoholvergiftung klein beigeben möchten, sollten Sie das Schnapsglas zur Kapitulation umdrehen.

汾酒 **fén-jiǔ** fön-djiow
Fen-Schnaps aus der Region „Fenyang";
trotz seiner 60% ein „sanfter" Schnaps.

竹叶青 **zhú-yè-qīng** dschu-jä-tjing
Fen-Schnaps Marke „Bambusblättergrün";
mit Kräutern und Bambusblättern versetzt.

五粮液 **wǔ-liáng-yè** u-liang-jä
Fünf-Körner-Likör; wird aus Hirse, Reis,
Klebreis, Weizen und Mais gebrannt.

高粱酒 **gāo-liáng-jiǔ** gau-liang-djiow
Hirse-Schnaps, ein „harter" Schnaps.

茅台酒 **máo-tái-jiǔ** mau-tai-djiow
Maotai-Schnaps; teuerster Getreideschnaps,
wird gerne bei offiziellen Anlässen gereicht

玫瑰露 **méi-guī-lù** mäi-guäi-lu
„Rosentau"-Schnaps;
mit intensivem Rosen-Geschmack

Wer lieber nicht trinken möchte, sagt:

我不会喝酒。
wǒ bù huì hé jiǔ.
uo bu huäi hö djiow
ich nicht können trinken Alkohol
Ich darf keinen Alkohol trinken.

Die klassischen harten Vertreter der westlichen Palette sind in besseren Kaufhäusern zu finden.

白兰地	**bái-lán-dì**	bai-lan-die	Brandy
鸡尾酒	**jī-wěi-jiǔ**	djie-uäi-djiow	Cocktail
法国白兰地	**fǎ-guó bái-lán-dì**	fa-guo bai-lan-die	Kognak
松子酒	**sōng-zi-jiǔ**	ßung-dsö-djiow	Gin
甜酒	**tián-jiǔ**	tiän-djiow	Likör
罗木酒	**luó-mù-jiǔ**	luo-mu-djiow	Rum
雪利酒	**xuě-lì-jiǔ**	chüe-lie-djiow	Sherry
威士忌	**wēi-shì-jì**	uäi-schö-djie	Whisky
伏特加	**fú-tè-jiā**	fu-tö-djia	Wodka

Knabbereien aller Art

Mittlerweile finden Sie in Chinas Großstädten einen großen Teil des internationalen Süßwaren-Sortiments: 巧克力 **qiǎo-kè-lì** tjiau-kö-lie *Schokolade* und 饼干 **bǐng-gān** bing-gan *Kekse.* Chinesen begeistern sich allerdings vorrangig für 水果干 **shuǐ-guǒ-gān** schuäi-guo-gan *Trockenfrüchte,* die zusammen mit anderen 干货 **gān-huò** gan-huo *getrockneten Lebensmitteln* in Spezialläden verkauft werden.

Zwischen Leckereien wie 海蜇干 **hǎi-zhé-gān** hai-dschö-gan *getrockneten Quallen,* 银鱼干 **yín-yú-gān** in-ü-gan *gerösteten Knabberfischchen* und 酸梅 **suān-méi** ßuan-mäi *sauer-salzig eingelegten Pflaumen* ist es nicht immer einfach, das Passende für Ihren Geschmack zu finden. Bevor

Sie allerdings Nase-rümpfend den Laden verlassen, lohnt es sich, der einen oder anderen
eigenwilligen Kreation eine Chance zu geben.
肉干 **ròu-gān** row-gan *getrocknetes Rindfleisch,*
findet auch unter Ausländern begeisterte An-
hänger.

  Sie bekommen dort auch bekannte Trocken-
obstsorten. Falls Sie Ihre Lieblingsfrüchte mal
getrocknet probieren möchten, hängen Sie an
den Obst-Namen die Silbe 干 **gān** gan getrocknet. Aus 芒果 **máng-guǒ** mang-guo *Mango* wird
so 芒果干 **máng-guǒ-gān** mang-guo-gan *getrocknete Mango.*

这个是不是。。。?
zhè-ge shì bú-shì …?
dschö-gö schö bu-schö
dies-Stück sein nicht-sein
Ist dies … ?

… tián de?	tiän dö	… süß?	。。。甜的?
… suān de?	ßuan dö	… sauer?	。。。酸的?
… xián de?	chiän dö	… salzig?	。。。咸的?
… là de?	la dö	… scharf?	。。。辣的?

Der Wunsch, vor dem Kauf zu probieren, wird
Ihnen bei offenen Waren oft gewährt:

可以尝一尝吗?
kě-yǐ cháng-yī-cháng ma?
kö-ie tschang-ie-tschang ma
können kosten-eins-kosten (Fragepartikel = FP)
Darf ich mal probieren?

Rülpsen gehört zum guten Ton!

Chinesisches Wohlbefinden hat nichts mit romatischem Kerzenschein oder diskreter Streichmusik zu tun. Ob Straßenbude oder Restaurant, es wird gelacht, geschmatzt, gerülpst, geraucht, quer über den Tisch gegriffen und in höchster Lautstärke mit vollem Mund gesprochen. Wenn dazu laute Schlager laufen bis die Boxen krachen, ist das Glück perfekt.

Warum? Essen macht Spaß und ist eine der wichtigsten Vergnügungen des chinesischen Alltags. Niemand isst freiwillig allein, und wer gezwungen ist, seine Mahlzeiten ohne Begleitung einzunehmen, hat im Leben etwas falsch gemacht.

Individuelle Wünsche bei der Wahl der Gerichte sind unüblich. In der Regel bestellt einer, und zwar immer ein Gericht mehr als Teilnehmer in der Runde sind. Damit man an alle Gerichte drankommt, stehen die Speisen auf einer Drehplatte auf einem großen runden Tisch. Greifen Sie also, wie alle anderen, direkt per Stäbchen zu. Die eigene Reisschüssel wird derweil unter das Kinn gedrückt, damit es sich besser „schaufeln" lässt.

Auch wenn bei Tisch so ziemlich alles erlaubt zu sein scheint, was in Europa heftiges Stirnrunzeln hervorrufen würde, gibt es auch in China einige Tabus zu beachten:

Stecken Sie niemals die Stäbchen senkrecht in die Reisschüssel. Sie laden damit die Geister (sprich: den Tod) an den Tisch, denn genau so werden die Opfer-Speisen am Ahnenaltar dargebracht. Legen Sie die Stäbchen einfach neben die Schüssel.

Essen Sie nicht mit der Hand. Von größeren Hähnchenteilen einfach die Knochen im Mund abnagen und dann per Stäbchen neben die Schüssel auf den Tisch legen.

Schnäuzen Sie sich nicht bei Tisch. Falls sich dies nicht vermeiden lässt, wenden Sie sich ab, und bringen Sie das benutzte Taschentuch gleich zum nächsten Mülleimer.

„Guten Appetit" im wörtlichen Sinne kennt man in China nicht. Stattdessen gibt man sich gegenseitig den guten Rat màn-màn chī! = „langsam essen".

Wenn Sie mit mehreren Chinesen speisen, sollten Sie immer den anderen das Glas vollschenken, bevor Sie sich selbst bedienen.

Besonders freundliche Gastgeber legen hin und wieder die besten Stücke des Mahls per Stäbchen in die Reisschüssel des Gastes. Jetzt gibt es kein zurück. Auch wenn es sich um Leckereien wie Hühnerfüße handelt, diese nicht zu essen, wäre höchst beleidigend.

Wenn Sie eingeladen sind, sollten Sie immer einen kleinen Rest in der Schüssel lassen, sonst könnte der Eindruck entstehen, Sie seien nicht satt geworden und der Gastgeber sei ein geiziger Mensch.

Pünktlichkeit ist ein Muss in China. Die einzige Ausnahme: Bei Essenseinladungen und Restaurant-Verabredungen sollten Sie zirka zehn Minuten zu spät kommen, um nicht allzu gierig zu erscheinen.

Wenn der letzte Gang gegessen ist, springen die chinesischen Gäste auf und gehen. Bleiben Sie jetzt nicht zur Verdauungszigarette sitzen, dies ist völlig unüblich und erweckt bestenfalls den Verdacht, Sie seien noch hungrig. Für den gemütlichen Teil eignet sich eher eine Bar in der Nähe.

Ich hätte gern …

Wie gewohnt, suchen Sie sich in der Gaststätte selbst einen Sitzplatz aus. Nur in ausnehmend teuren Restaurants werden Sie von einem Kellner zum nächsten freien Tisch gebracht. Falls die Bedienung auf sich warten lässt, können Sie diese mit einem freundlichen **xiăo-jie** chiau-djiä *Fräulein* oder **xiān-sheng** chiän-schöng *Herr* herbeirufen.

In den Restaurants der Großstädte oder der Touristenhochburgen lohnt es sich durchaus, nach einer englischen Speisekarte zu fragen:

你有没有英文的菜单？
nĭ yŏu méi-yŏu yīng-wén de cài-dān?
nie jow mäi-jow ing-uön dö tsai-dan
du haben nicht-haben englische (BP) Speisekarte
Haben Sie eine englische Speisekarte?

Wissen Sie noch nicht, was Sie bestellen möchten und wartet die Bedienung schon ungeduldig am Tisch, können Sie sie vertrösten:

Ich hätte gern ...

In einigen chinesischen Fast-Food-Restaurants ist es noch üblich, erst an der Kasse den Essenswunsch zu äußern, zu bezahlen und dann der Bedienung am Tisch den Kassenzettel zu präsentieren. Für Ausländer birgt dieses System natürlich einige Tücken, denn oft sind die Gerichte an der Kasse nicht sichtbar.

请你等一下，我还没决定。

qǐng nǐ děng yí-xià, wǒ hái méi jué-dìng.

tjing nie döng ie-chia, uo hai mäi djüä-ding

bitten du warten ein-bisschen, ich noch nicht entscheiden

Bitte warten Sie noch ein wenig, ich habe mich noch nicht entschieden.

请来。。。   请给我。。。

qǐng lái ... tjing lai   **qǐng gěi wǒ ...** tjing gäi uo

bitten kommen   *bitten geben ich*

Bitte bringen Sie ...   Bitten geben Sie mir ...

我要。。。 (这个菜)。

wǒ yào ... (zhè-ge cài). uo jau ... (dschö-gö tsai)

ich wollen ... (dies-Stück Gericht)

Ich möchte ... (dieses Gericht).

我想吃。。。

wǒ xiǎng chī ... uo chiang tschö

ich möchten essen

Ich würde gerne ... essen.

你有没有。。。？

nǐ yǒu méi-yǒu ...? nie jow mäi-jow

du haben nicht-haben

Haben Sie ... ?

请你再来。。。 (一碗白饭)。

qǐng nǐ zài lái ... (yì wǎn bái-fàn).

tjing nie dsai lai ... (ie uan bai-fan)

bitten du wieder kommen ... (ein Schüssel Reis)

Bitte bringen Sie noch ... (eine Schüssel Reis).

Falls Sie den Reis früher wünschen, sollten Sie
dies gleich verlangen:

请你把白饭现在来。
qǐng nǐ bǎ bái-fàn xiàn-zài lái.
tjing nie ba bai-fan chiä n-tsai lai
bitten du (Passivpartikel = PP) Reis jetzt kommen
Bitte bringen Sie den Reis jetzt.

Falls unklar ist, was ein Gericht kosten soll,
fragen Sie unverbindlich nach:

这个菜多少钱？
zhè-ge cài duō-shao qián?
dschö-gö tsai duo-schau tjiän
dies-Stück Gericht viel-wenig Geld
Was kostet dieses Gericht?

有没有比较便宜的菜？
yǒu méi-yǒu bǐ-jiào pián-yi de cài?
jow mäi-jow bie-djiau piän-ie dö tsai
haben nicht-haben vergleichen billig (BP) Gericht
Haben Sie auch ein billigeres Gericht?

Sonderwünsche

请给我刀叉 / 一个餐巾。
qǐng gěi wǒ dāo-chā / yí ge cān-jīn.
tjing gäi uo dau-tscha / ie gö tsan-djin
bitten geben ich Messer-Gabel / ein Stück Serviette
Bitte bringen Sie mir Besteck /eine Serviette.

Falls Sie jemanden heranwinken möchten, sollten Sie nicht die europäische Geste verwenden. Höflicher ist es, mit der Hand-Innenfläche nach unten, die Finger nach unten zu bewegen.

有没有烟灰缸 / 牙签?
yǒu méi-yǒu yān-huī-gāng / yá-qiān?
jow mäi-jow jän-huäi-gang / ja-tjiän
haben nicht-haben Aschenbecher / Zahnstocher
Hätten Sie bitte einen Aschenbecher / Zahnstocher?

Und noch speziellere Wünsche:

我不要肉!
wǒ bú yào ròu! uo bu jau row
ich nicht wollen Fleisch
Ich möchte kein Fleisch!

有没有素菜?
yǒu méi-yǒu sù-cài?
jow mäi-jow ßu-tsai
haben nicht-haben vegetarisch-Gericht
Haben Sie vegetarische Gerichte?

这个菜是不是素的?
zhè-ge cài shì bú-shì sù de?
dschö-gö tsai schö bu-schö ßu de
dies-Stück Gemüse sein nicht-sein vegetarisch (BP)
Ist dieses Gericht vegetarisch?

我吃素的。
wǒ chī-sù de. uo tschö ßu-dö
ich essen-vegetarisch (3P)
Ich esse vegetarisch

这个采有没有肉?
zhè-ge cài yǒu méi-yǒu ròu?
dschö-gö tsai jow mäi-jow row
dies-Stück Gericht haben nicht-haben Fleisch
Enthält dieses Gericht Fleisch?

我不要鱼,也不要海味。
wǒ bú yào yú, yě bú yào hǎi-wèi.
uo bu jau ü, jä bu jau hai-wäi
*ich nicht wollen Fisch, auch nicht wollen
Meer-Geschmack*
Ich mag weder Fisch noch Meeresfrüchte.

我对。。。有过敏。
wǒ duì ... yǒu guò-mǐn. uo duäi ... jow guo-min
ich gegen ... haben Allergie
Ich bin allergisch gegen ...

请你不要用味精。
qǐng nǐ bú yào yòng wèi-jīng.
tjing nie bu jau jung uäi-djirg
bitten du nicht wollen benutzen Geschmack-Essenz
Bitte benutzen Sie kein Glutamat.

我不会吃糖。
wǒ bú huì chī táng. uo bu huäi tschö tang
ich nicht können essen Zucker
Ich darf keinen Zucker essen.

*Chinesische Köche
verwenden oft das Salz
Monosodium-
Glutamat, um den
Geschmack der Speisen
zu verstärken.
Empfindliche Men-
schen reagieren darauf
hin und wieder mit
dem so genannten
„China-Restaurant-
Syndrom" und leiden
kurzfristig unter
Schwindelanfällen
und Übelkeit.*

不要太辣! **bú yào tài là!** bu jau tai la
nicht wollen zu-sehr scharf
Bitte nicht so scharf!

请你不要在饮料里加冰块。
qǐng nǐ bú yào zài yǐn-liào lǐ jiā bīng-kuài.
tjing nie bu jau tsai in-liau lie djia bing-kuai
bitten nicht wollen in Getränk drinnen zufügen
Eis-Würfel
Bitte geben Sie keine Eiswürfel ins Getränk.

Kommt sofort!

Klar, dass beim Bestellen nicht immer alles
klappt. Wenn Ihnen wirklich das falsche Gericht serviert wird, steckt keine böse Absicht
dahinter. Sollte der Kellner Ihren Wunsch
nicht wirklich verstanden haben, wird er Ihnen lieber ein ähnliches Gericht servieren, als
sich auf eine schwierige, multi-sprachliche
Diskussion einzulassen.

Generell ist China immer noch dabei, in
punkto Service aufzuholen. Noch vor zehn
Jahren war es durchaus üblich, dass Sonder-
wünsche und Reklamationen mit einem bar-
schen **méi-yǒu** mäi-jow, *„haben wir nicht"*, abge-
wiesen wurden. Heute ist dies nur sehr selten
der Fall. Trotzdem sollten Sie nicht europäische Maßstäbe anlegen.

Falls das Essen über Gebühr auf sich warten lässt, fragen Sie erst einmal nach:

我订的菜什么时候来?
wǒ dìng de cài shén-me shí-hou lái?
uo ding dö tsai schön-mö schö-how lai
ich bestellen (BP) Gericht welche Zeit kommen
Wann kommt das Gericht, das ich bestellt habe?

我们已经等半个小时。
wǒ-men yǐ-jīng děng bàn-ge xiǎo-shí.
uo-mön ie-djing döng bang-gö chiau-schö
wir bereits warten halbe Stunde
Wir warten schon eine halbe Stunde.

Die Antworten lauten dann wahrscheinlich:

马上来!
mǎ-shàng lái!
ma-schang lai
sofort kommen
Kommt sofort!

等一下。
děng yí-xià.
döng ie-chia
warten ein-Moment
Einen Moment noch.

Ab und an kann es passieren, dass Sie das falsche Gericht erhalten oder die Qualität nicht Ihren Erwartungen entspricht:

这个我没订!
zhè-ge wǒ méi dìng!
dschö-gö uo mäi ding
dies-Stück ich nicht bestellen
Dieses Gericht habe ich nicht bestellt!

Viele Ausländer empfinden es auch als entnervend, wenn Reklamationen mit einem Kichern erwidert werden.
Es lacht Sie hier jedoch niemand aus: Für viele Chinesen ist direkte Kritik peinlich, sie überspielen ihre Unsicherheit daher mit einem Lachen.

这个太... 了。

zhè-ge tài ... le. dschö-gö tai ... lö
dies-Stück zu-sehr ... (Endpartikel = EP)
Dies ist zu ...

淡	**dàn**	dan	fade
甜	**tián**	tiän	süß
辣	**là**	la	scharf
咸	**xián**	chiän	salzig

这个肉还没有完全熟透。

zhè-ge ròu hái méi-yǒu wán-quán shú-tòu.
dschö-gö row hai mäi-jow uan-tjüän schu-tow
dies-Stück Fleisch noch nicht-haben vollständig
durchbraten
Dieses Fleisch ist nicht ganz durch.

这个菜是冷的。

zhè-ge cài shì lěng de. dschö-gö tsai schö löng dö
dies-Stück Gericht sein kalt (BP)
Dieses Gericht ist kalt.

这里缺少了一个。。。

zhè-li quē-shǎo le yí ge ...
dschö-lie tjüä-schau lö ie gö
hier fehlen (Vergangenheitspartikel = VP) ein Stück
Hier fehlt ein ...

这个杯子脏了!

zhè-ge bēi-zi zāng le!
dschö-gö bäi-dsö dsang lö
dies-Stück Glas dreckig (EP)
Dieses Glas ist schmutzig!

Die Rechnung, bitte!

In der Regel bezahlt einer für alle. Falls Sie dennoch eine getrennte Rechnung wünschen, sollten Sie dies ausdrücklich sagen, wenn Sie die Rechnung anfordern. Aber besser ist es, Sie klären das nachher untereinander.

请你，分开算!
qǐng nǐ, fēn-kāi suàn! tjing nie, fĕn-kai ßuan
bitten du, getrennt zusammenrechnen
Getrennt, bitte!

请结帐!
qǐng jié-zhàng! tjing djiĕ-dschang
bitten Rechnung
Die Rechnung, bitte!

请你，一起算!
qǐng nǐ, yī-qǐ suàn! tjing nie, ie-tjie ßuan
bitten du, zusammen zusammenrechnen
Zusammen, bitte!

可以用信用卡吗?
kě-yǐ yòng xìn-yòng-kǎ ma?
kö-ie jung chin-jung-ka ma
können benutzen Kreditkarte (FP)
Kann ich mit Kreditkarte bezahlen?

Falls es gut geschmeckt hat, ist dies sicher auch der richtige Zeitpunkt, das Essen zu loben. Darüber freut man sich immer.

Falls Sie chinesische Bekannte eingeladen haben, gehört es zum guten Ton, dass sich diese noch ein wenig sträuben und versuchen selbst zu zahlen.
Lassen Sie das nicht zu, denn für viele Chinesen sind Restaurantbesuche Luxus und können bei einem Studenten das gesamte Monatsbudget verschlingen.

这个菜真好吃！
zhè-ge cài zhēn hǎo-chī!
dschö-gö tsai dschön hau-tschö
dies-Stück Gericht wirklich gut-essen
Dieses Gericht schmeckt sehr gut!

Sollten Sie sich 非常好吃！
aufgrund des **fēi-cháng hǎo-chī!** fäi-tschang hau-tschö
freundlichen Service *sehr gut-essen*
für ein Trinkgeld Sehr lecker!
entscheiden, drücken
Sie es nicht der Trinkgeld ist in der Volksrepublik noch im-
Bedienung öffentlich in mer relativ unüblich. In eindeutig touristi-
die Hand, sondern schen Etablissements und sehr teuren Res-
legen es vor dem Gehen taurants können Sie bei Bedarf um 10% auf-
diskret aber sichtbar runden. Aber je geringer der Anteil der Aus-
auf den Tisch. länder unter den Gästen und je ländlicher die
Region, kann Trinkgeld durchaus als belei-
digend empfunden werden!

Toilette & Co.

Auch das gehört zum Essen und Trinken
dazu: Das Verrichten der Notdurft. Man findet Toiletten praktisch an jeder Ecke. Gerade
kleine Restaurants verzichten daher oft auf eigene sanitäre Einrichtungen und verweisen
auf die öffentlichen Anlagen. Besonders an-
sprechend sind die meisten allerdings nicht:
Im Sommer kann man sich bei der Suche
nach ihnen, vom Geruchssinn leiten lassen.

Die Einrichtung ist einfach: Meist sind die „Abteile" über einer gekachelten Rinne angeordnet, die alle 15 Minuten automatisch gespült wird. Ein eigener Vorrat an Papiertaschentüchern kann nicht schaden, denn Klopapier oder gar Handtücher sucht man hier vergebens. Etwas besser ausgestattet sind die gebührenpflichtigen Toiletten, deren Preis auch eine Ration Papier enthält.

Grund des Toiletten-Missstandes ist weniger mangelndes Hygiene-Bewusstsein, als die Tatsache, dass die „stillen Örtchen" jeden Tag von einer Flut von Menschen benutzt werden. Bad und Klo sind in vielen Wohngegenden immer noch Luxus und so bleibt den Bewohnern nur der Gang zur öffentlichen Toilette.

厕所	**cè-suǒ**	tsö-ßuo	*Toilette*	Toilette
女	**nǚ**	nü	*weiblich*	Frauen
男	**nán**	nan	*männlich*	Männer

Falls nichts in Sicht ist, können sie folgendermaßen nachfragen:

厕所在哪里？
cè-suǒ zài nǎ-li? tsö-ßuo dsai na-l e
Toilette sich-befinden wo
Wo ist die Toilette?

女人的厕所在哪里？
nǚ-rén de cè-suǒ zài nǎ-li?
nü-rön dö tsö-ßuo dsai na-lie
weiblich-Mensch (BP) Toilette sich-befinden wo
Wo ist die Damen-Toilette?

男人的厕所在哪里？
nán-rén de cè-suǒ zài nǎ-lì?
nan-rön dö tsö-ßuo dsai na-lie
männlich-Mensch (BP) Toilette sich-befinden wo
Wo ist die Herren-Toilette?

有没有卫生纸？
yǒu méi-yǒu wèi-shēng-zhǐ?
jow mäi-jow uäi-schöng-dschö
haben nicht-haben Hygiene-Papier
Haben Sie Toilettenpapier?

有没有毛巾和肥皂？
yǒu méi-yǒu máo-jīn hé féi-zào?
jow mäi-jow mau-djin hö fäi-dsau
haben nicht-haben Handtuch und Seife
Haben Sie Handtuch und Seife?

Meist lassen sich die Kabinen nicht abschließen, deshalb gilt: Wenn die Tür geschlossen ist, ist besetzt. Bei Verlassen der Toilette lassen Sie die Tür offen stehen.

Um sicher zu gehen, dass die Toilette nicht bereits besetzt ist, können Sie entweder klopfen oder aber nachfragen:

yǒu rén ma? jow rön ma
haben Mensch (FP)
Ist da jemand?

Auf dem Markt

Da man in China viel Wert legt auf knackiges Gemüse, Obst und frische Zutaten, gibt es in jedem Dorf und jeder Stadt zumindest einen 市场 **shì-chǎng** schö-tschang *Markt*. Neben den üblichen Frischwaren finden Sie hier auch verschiedene Nudel- und Tofusorten, Gewürze und getrocknete Lebensmittel.

Wenn Sie vor einem der Stände stehen bleiben, fragt der Verkäufer sicher: **nǐ yào shén-me?** nie jau schön-mö „Was möchten Sie?" Je nach dem, ob Sie etwas kaufen möchten oder nicht, können Sie wie folgt antworten:

我只要看一看。
wǒ zhǐ yào kàn-yí-kàn.
uo dschö jau kan-ie-kan
ich nur sehen-eins-sehen
Ich möchte mich nur umsehen.

请你给我这个 / 一公斤苹果。
qǐng nǐ gěi wǒ zhè-ge / yì gōng-jīn píng-guǒ.
tjing nie gäi uo dschö-gö / ie gung-djin ping-guo
bitten du ... geben ich dies-Stück / eins Kilo Apfel
Bitte geben Sie mir das da / ein Kilo Äpfel.

请你给我看这个。
qǐng nǐ gěi wǒ kàn zhè-ge.
tjing nie gäi uo kan dschö-gö
bitten du geben ich sehen dies-Stück
Kann ich das da mal sehen?

Zähes Handeln
mit viel Jammern
auf beiden Seiten
gehört immer zum
Kaufprozess dazu
und wird auf den
chinesischen Märkten
fast als Sport betrieben.
Der Anblick eines
Ausländers inspiriert
ohnehin manch einen
Marketender zu
Fantasiepreisen.

我要买这个。
wǒ yào mǎi zhè-ge. uo jau mai dschö-gö
ich wollen kaufen dies-Stück
Ich möchte das kaufen.

这个多少钱?
zhè-ge duō-shao qián? dschö-gö duo-schau tjiän
dies-Stück viel-wenig Geld
Was kostet das?

这个太贵了!
zhè-ge tài guì le! dschö-gö tai guäi le
dies-Stück zu teuer (EP)
Das ist zu teuer!

可以便宜一点吗?
kě-yǐ pián-yi yì-diǎn ma? kö-ie piän-ie ie-diän ma
können billig ein wenig (FP)
Geht es ein wenig billiger?

Brauchen Sie eventuell eine Verpackung:

麻烦你可以包起来吗?
má-fán nǐ kě-yǐ bāo qǐ-lái ma?
ma-fan nie kö-ie bau tjie-lai ma
lästig du können einpacken (FP)
Können Sie es mir bitte einpacken?

你有没有一个袋子?
nǐ yǒu méi-yǒu yí ge dài-zi?
nie jow mäi-jow ie gö dai-dsö
du haben nicht-haben ein Stück Tüte
Haben Sie eine Tüte?

Nicht immer werden Sie gleich alle Obst- und
Gemüsesorten identifizieren können:

这是什么？
zhè shì shén-me?
dschö schö schön-mö
dies sein was
Was ist das?

这个怎么吃？
zhè-ge zěn-me chī?
dschö-gö dsön-mö tschö
dies-Stück wie essen
Wie isst man das?

得剥皮马？
děi bō-pí ma? däi bo-pie ma
müssen schälen Haut (FP)
Muss man es schälen?

可以生吃吗？
kě-yi shēng chī ma? kö-ie schöng tschö ma
können roh essen (FP)
Kann man es roh essen?

Falls Sie das Gesuchte nicht sehen, richten Sie
sich einfach an den Verkäufer:

我找。。。
wǒ zhǎo ...
uo dschau
ich suchen
Ich suche ...

你有没有。。。？
nǐ yǒu méi-yǒu ... ?
nie jow mäi-jow
du haben nicht-haben
Haben Sie ...?

在哪里有。。。？
zài nǎ-li yǒu ...?
dsai na-lie jow
in wo haben
Wo gibt es ...?

在那里可以买到。。。？
wǒ zài nǎ-li kě-yǐ mǎi dào?
uo dsai na-lie kö-ie mai dau
ich in wo können kaufen erreichen
Wo kann ich ... kaufen?

Ein typisch chinesisches Souvenir ist das
五香粉 **wǔ-xiāng-fěn** u-chiang-fön – Fünf-Ge-
würze-Pulver aus Sternanis, Nelken, Sichuan-
pfeffer, Fenchelsamen, Zimt und Kassiarinde.

咖喱粉	**gā-lí-fěn**	ga-lie-fön	Currypulver
姜	**jiāng**	djiang	Ingwer
花椒	**huā-jiāo**	hua-djiau	Sichuan-Pfeffer
桂皮	**guì-pí**	guäi-pie	Zimt

Mengenangaben

一点	**yì diǎn**	ie diän	ein bisschen
一打	**yì dá**	ie da	ein Dutzend
一双	**yì shuāng**	ie schuang	ein Paar
一些	**yì xiē**	ie chiä	ein paar / einige
一块	**yí kuài**	ie kuai	ein Stück
一部分	**yí bù fēn**	ie bu fön	ein Teil
四分之一	**sì fēn zhī yī**	ß fön dschö ie	ein Viertel
一把	**yì bǎ**	ie ba	eine Handvoll
一份	**yí fèn**	ie fön	eine Portion
多一点	**duō yì diǎn**	duo ie diän	etwas mehr
少一点	**shǎo yì diǎn**	schau ie diän	etwas weniger
够了	**gòu le**	gow lö	genug
一半	**yí bàn**	ie ban	halb / Hälfte
（太）多	**(tài) duō**	(tai) duo	(zu) viel
（太）少	**(tài) shǎo**	(tai) schau	(zu) wenig

yí dài	ie dai	ein Beutel	一袋
yí guàn	ie guan	eine Dose	一罐
yì píng	ie ping	eine Flasche	一瓶
yì bāo	ie bau	eine Packung	一包
yì juǎn	ie djiän	eine Rolle	一卷
yì bēi	ie bëi	ein(e) Tasse/Glas	一杯
yì guǎn	ie guan	eine Tube	一管
yì hé	ie he	ein Karton	一盒
yì wǎn	ie uan	eine Schale	一碗
yì pán	ie pan	ein Teller	一盘
yí piàn	ie piän	eine Scheibe	一片

Gewichte

kè	kö	Gramm	克
yì liǎng	ie liang	50 Gramm	一两
yí bàn gōng-jīn	ie ban gung-djin	ein halbes Kilo	一半公斤
shì-jīn	schö-djin	Pfund	市斤
gōng-jīn	gung-djin	Kilo	公斤
gōng-shēng	gung-schöng	Liter	公升

Selbst ist der Koch: Jiao-zi

Für Zuhause zum Nachkochen den Klassiker der chinesischen Küche: „Jiao-zi", die kleinen halbmonförmigen Teigtaschen, die es gedämpft oder frittiert überall in China gibt. Wenn sie zusammen mit Freunden kochen, dann macht es erst so richtig Spaß!

Gedämpfte Teigtaschen mit Fleischfüllung

Zutaten für vier Portionen:

Für den Teig:
500 gr Mehl
gut ¼ l Wasser

Füllung:
350 gr Schweinehack
20 gr Ingwerwurzel
1 Bund chinesischer Schnittlauch (oder Frühlingszwiebeln)
½ TL Salz
3 EL Sojasoße
3 Zehen Knoblauch
2 EL Reiswein
1 EL Sesamöl

Zum Dippen:
Jin-jiang-Essig (frischer gehobelter Ingwer)

Schritt 1
Verkneten Sie das Mehl mit einem guten Viertelliter lauwarmen Wasser und lassen Sie den Teig 0,5–1 Stunde ruhen.

Schritt 2
Schälen Sie den Ingwer und hacken Sie ihn, den Knoblauch und den Schnittlauch sehr fein. Mischen Sie die Zutaten mit Sojasoße, Reiswein, Öl und Salz unter das Hackfleisch.

Schritt 3
Teilen Sie den Teig und formen Sie ihn zu Rollen von circa 3 cm Durchmesser. Dann zerschneiden Sie die Teigrollen in 60 gleichgroße Scheiben und rollen sie mit einem Wellholz zu dünnen, runden Plättchen aus. In die Mitte der Plättchen geben Sie einen Teelöffel der Füllung, klappen die Plättchen zusammen und drücken sie an den Rändern sehr fest zusammen.

Schritt 4

Dämpfen Sie die Jiao-zi ca. 15–20 Minuten. Am besten eignet sich ein Topf oder Wok mit Dämpf-Einsatz. Ersatzweise können Sie sie auch in leicht sprudelndem Wasser garen.

Variation: Guo-tie statt Jiao-zi

Die ebenfalls sehr beliebten Guo-tie-Teigtäschchen werden übrigens fast genauso hergestellt: Wer es knusprig liebt, brät die rohen Jiao-zi einfach in der Pfanne an.

Guten Appetit

Beim Essen werden die Jiao-zi kurz in den Essig getunkt, der in kleinen Schälchen serviert wird. Je nach Belieben können Sie den Essig mit geraspeltem Ingwer verfeinern.

Ein paar Höflichkeiten

Auf dem Lande werden Sie hin und wieder noch der traditionellen chinesischen Begrüßungsform begegnen, sich mit auf Brusthöhe übereinander gelegten Händen zu verbeugen. Sonst hat sich ein kurzes Nicken durchgesetzt. Westliches Händeschütteln oder Küsschen sind unüblich, wie alle Arten körperlicher Berührung.

ní hǎo	**nǐ-men hǎo**
nie hau	nie-men hau
du gut	*ihr gut*
Guten Tag!	Guten Tag allerseits!

Zwischen „du" und „Sie" wird in der chinesischen Sprache nicht unterschieden, man verwendet normalerweise nǐ nie*. Wollen Sie besonders höflich sein, kann man* nín nin *benutzen.*

Ältere Menschen werden vielleicht auch auf die veraltete Floskel „Hast du schon gegessen" zurückgreifen, auf die man ebenso antwortet:

nǐ chī guo le ma?	**chī le**
nie tschö guo lö ma	tschö lö
du essen (VP) (EP) (FP)	*essen (EP)*
Wie geht's?	Ja.

Bei Besuchen, heißt es **huān-yíng huān-yíng** huan-ing huan-ing *Herzlich willkommen!* Ansonsten nimmt man auch Bezug auf die Tageszeit:

zǎo-ān	dsau-an	Guten Morgen!
wǎn-ān	uan-an	Guten Abend!

verabschieden

wǒ/wǒ-men zǒu-le.
uo/uo-mön dsow-lö
ich/wir gehen-(EP)
Ich/wir gehe(n) jetzt.

zài-jiàn
tsai-djiän
wieder-sehen
Auf Wiedersehen!

màn-màn zǒu!
man-man tsow
langsam-langsam gehen
Kommen Sie gut nach Hause!

Anrede

Anders als in westlichen Ländern steht in China der Familienname vor dem Rufnamen. Auch die Anreden „Frau, Fräulein, Herr" und unten stehenden Berufsbezeichnung werden dem Familiennamen nachgestellt.

Im Allgemeinen besteht der chinesische Name aus drei Silben: Der vorangestellte Nachname ist einsilbig, der Vorname meist zweisilbig.

xiǎo-jie	chiau-djiä	Fräulein
nǚ-shì	nü-schö	Frau
tài-tai	tai-tɛi	Frau
xiān-sheng	chiär-schöng	Herr
tóng-zhì	tung-dschö	Genosse/-in
lǎo-bǎn	lau-bɑn	Chef
jīng-lǐ	djing-lie	Manager

tài-tai verwendet man nur bei verheirateten Frauen in Verbindung mit dem Nachnamen des Mannes.

wáng nǚ-shì, ní hǎo!
uang nü-schö, nie hau
Wang(Eigenname) Frau, du gut
Guten Tag Frau Wang!

Ein paar Höflichkeiten

Einladung & Tischreservierung

Pünktlichkeit ist auch in China eine Tugend. Einige Minuten Verspätung wird Ihnen zwar niemand übel nehmen, mehr als zehn Minuten sollten Sie sich aber nicht herausnehmen.

Einladungen aufs Hotelzimmer sind übrigens völlig inakzeptabel und werden garantiert falsch verstanden.

Selbst wohlhabende Chinesen leben nach europäischen Maßstäben meist recht beengt, Sie sollten daher eher keine Einladung nach Hause erwarten. Je nach finanziellem Hintergrund kommt auch der Besuch von Cafés und Bars nicht für jeden in Frage.

wǒ xiǎng qǐng nǐ chī-fàn.
uo chiang tjing nie tschö-fan
ich mögen einladen du essen-Reis
Ich möchte Sie/dich zum Essen einladen.

nǐ míng-tiān yǒu kòng ma?
nie ming-tiän jow kung ma
du morgen haben Zeit (FP)
Haben Sie/du morgen Zeit?

kě-xī, wǒ míng-tiān méi-yǒu shí-jiān.
kö-chie, uo ming-tiän mäi-jow schö-djiän
leider, ich morgen nicht-haben Zeit
Schade, morgen bin ich schon beschäftigt.

wǒ-men shén-me shí-hou / zài nǎ-li jiàn-miàn?
uo-mön schön-mö schö-how / dsai na-lie djiän-miän
wir welche Zeit / in wo treffen
Wann/Wo treffen wir uns?

zài nǎ-li yǒu yī-ge hǎo de jiǔ-diàn/jiǔ-ba?
dsai na-lie jow ie-gö hau dö djiow-diän/djiow-ba
in wo haben ein-Stück gut (BP) Restaurant/Bar
Wo gibt es hier ein(e) gute(s) Restaurant/Bar?

jīn-tiān wǎn-shang nǐ yào bú yào chū-qu?

djin-tiän uan-schang nie jau bu jau tschu tjiü

heute Abend du wollen nicht wollen heraus-gehen

Haben Sie Lust heute Abend auszugehen?

Nur selten kommt ein Ausländer in die Verlegenheit, einen Tisch reservieren zu müssen. Falls Sie geschäftlich in China unterwegs sind, möchten Sie vielleicht ihre Geschäftspartner zum Essen einladen. Am besten Sie lassen sich vom Hotelpersonal dabei helfen.

wǒ yào dìng yí ge liù ge rén de zhuō-zi.

uo jau ding ie gö liow gö rön dö dsc~uo-dsö

ich wollen reservieren ein Stück sechs Stück Menschen (BP) Tisch

Ich würde gerne einen Tisch für sechs Personen reservieren.

Sind Sie selbst eingeladen worden, eignen sich westliche „harte" Getränke wie Kognak, Schnaps oder auch Champagner hervorragend als Geschenk.

shén-me shí-hou?
schön-mö schö-how
welche Zeit
Für wann?

Bei der Uhrzeit wird erst die Tageszeit genannt, dann die Stunde von 1 bis 12, gefolgt
vom Wort Stunde **diǎn** diän und den Minuten-
Angaben mit dem Wort Minute **fēn** fön.

zǎo-shang liù diǎn shí-èr fēn
dsau-schang liow diän schö-ör fön
morgens sechs Stunde zwölf Minute
zwölf Minuten nach sechs (morgens)

zài xīng-qí-liù wǎn-shang, qī diǎn
tsai ching tjie-liow uan-schang, tjie diän
am Samstag Abend sieben Uhr
am Samstagabend um sieben Uhr

sān diǎn bàn
ßan diän ban
drei Stunde halb
halb vier

jiǔ diǎn yí kè
djiow diän ie kö
neun Stunde ein Viertel
Viertel nach neun

jiu diǎn sān kè
djiow diän ßan kö
neun Stunde drei Viertel
Viertel vor zehn

Damit Sie Verabredungen und Reservie-
rungen treffen können, hier die wichtigsten
Zeitangaben:

Wochentage

xīng-qī-yī	ching-tjie-ie	Montag
xīng-qí-èr	ching-tjie-ör	Dienstag
xīng-qī-sān	ching-tjie-ßar	Mittwoch
xīng-qí-sì	ching-tjie-ßö	Donnerstag
xīng-qī-wǔ	ching-tjie-u	Freitag
xīng-qí-liù	ching-tjie-liow	Samstag
xīng-qī-tiān	ching-tjie-tiän	Sonntag

Tageszeiten

zǎo-shang	dsau-schang	Morgen
shàng-wǔ	schang-u	Vormittag
xià-wǔ	chia-u	Nachmittag
wǎn-shang	uan-schang	Abend
yè-li	jä-lie	Nacht

weitere nützliche Zeitangaben

jīn-tiān	djin-tiän	heute
míng-tiān	ming-tiän	morgen
hòu-tiān	how-tiän	übermorgen
zuó-tiān	dsuo-tiän	gestern
yì-qián	ie-tjiän	vorher
yí-hòu	ie-how	danach
tài zǎo	tai dsau	zu früh
tài wǎn	tai uan	zu spät
xiàn-zài	chiän-dsai	jetzt
měi-tiān	mäi-tiän	täglich
cháng-cháng	tschang-tschang	oft
zǒng-shì	dsung-schö	immer
mǎ-shàng	ma-schang	sofort

Gar nicht so schwer ...

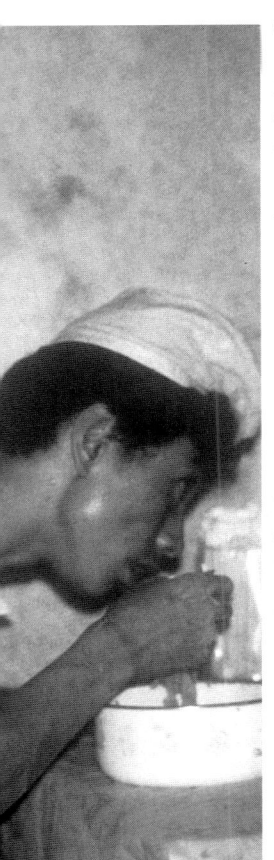

Tonhöhen, fremde Laute, Schriftzeichen – für viele Reisende wirkt das Chinesische „unerlernbar". Ganz so schwer ist die Sprache aber doch nicht, denn in grammatikalischer Hinsicht besticht sie mit einfachen Strukturen, wie Sie vielleicht schon an der Wort-für-Wort-Übersetzung im Buch sehen konnten.

Stellen Sie sich vor, Sie könnten im Deutschen nur den Wort-Stamm verwenden. Egal ob ‚essen, ich esse, das Essen" oder „ich werde gegessen haben": All das wird im Chinesischen nur durch die Silbe „*ess(en)*" **chī** tschö ausgedrückt. Für den Reisenden hat dies einen entscheidenden Vorteil: Es genügt oftmals sich den Wort-Stamm zu merken, der dann relativ beliebig eingesetzt wird. Auch wenn dabei nicht immer völlig korrekte Sätze entstehen, werden Sie wahrscheinlich schon verstanden werden.

Der Satz

In Anbetracht der elementaren Grammatik kommt der Satzstellung im Chinesischen mehr Bedeutung zu. Besonders groß sind die Unterschiede allerdings nicht, solange Sie sich an kurzen Sätzen mit klarer Aussage versuchen. Die klassische Reihenfolge lautet:

Zeitangabe – Subjekt – Hilfsverb – Verb – Objekt

jīn-tiān wǒ yào chī tāng.

djin-tiän uo jau tschö tang

heute ich wollen essen Suppe

Ich möchte heute Suppe essen.

essen, trinken & Co.

Übrigens: Verben (Tätigkeitswörter) bleiben immer in
Im Chinesischen wird der Grundform stehen, egal ob es sich um
nicht zwischen „ich, wir oder sie" handelt. Auch auf Zeitfor-
du und Sie men verzichtet man. Anstatt das Verb selbst
unterschieden, sondern zu verändern, werden bei Bedarf Partikel an-
generell die einheitliche gehängt, die z. B. die Vergangenheit anzeigen.
Form nǐ nie *verwendet.* Um die richtige Form zu bilden, müssen Sie
Lediglich in sehr lediglich „ich, du, er, sie etc." davorsetzen:
seltenen Sonderfällen,
in denen es gilt,
besonders höflich
aufzutreten, wird
die Form nín nin
benutzt.

wǒ shì	uo schö	ich bin
nǐ shì	nie schö	du bist
tā shì	ta schö	er/sie/es ist
wǒ-men shì	uo-mön schö	wir sind
nǐ-men shì	nie-mön schö	ihr seid
tā-men shì	ta-mön schö	sie sind

Das Verb „sein" **zhè shì niú-ròu.** **zhè-ge hǎo-chī!**
entfällt oft auch ganz. dschö schö niow-row dschö-gö hau-tschö

dies ist Rind-Fleisch *dies-Stück gut-essen*

Das ist Rindfleisch. Das (ist) lecker!

nicht, kein

Auch die Verneinung ist denkbar einfach: Vor
das Verb, beziehungsweise das Hilfsverb, wird
ein **bù** bu *nicht* gestellt:

wǒ bú huì chī yú.
uo bu huäi tschö ü
ich nicht können essen Fisch
Ich darf keinen Fisch essen.

Die einzige Ausnahme ist das Verb **yǒu** jow *haben:* Es wird mit **méi** mäi verneint.

wǒ-men méi-yǒu sù-cài.
uo-mön mäi-jow ßu-tsai
wir nicht-haben vegetarisch-Gericht
Wir haben keine vegetarischen Gerichte.

Fragen stellen

Das Chinesische bietet drei recht simple Möglichkeiten, Fragen zu bilden:
1. Wie im Deutschen können Sie die Fragewörter „wie, wer, was" verwenden, die man an die Stelle des erfragten „Objektes" stellt:

zhè shì shén-me?
dschö schö schön-mö
dies sein was
Was ist das?

Die wichtigsten Fragewörter sind:

shuí	schuäi	wer
shén-me	schön-mö	was
shén-me shí-hou	schön-mö schö-how	wann
zài nǎ-li	dsai na-lie	wo
wèi shén-me	uäi schön-mö	wieso

2. An das Ende eines Aussagesatzes hängt man die Fragepartikel **ma** ma an, als ob man ein Fragezeichen laut spricht (in der Wort-für-Wort-Übersetzung als FP abgekürzt):

Ein einfaches Wort für „Ja" und „Nein" existiert im Chinesischen nicht. Stattdessen wird zum Ja-Sagen das Verb oder das Hilfsverb der Frage wiederholt, zum Nein-Sagen wiederholt man es in verneinter Form.

nǐ chī ròu ma?
nie tschö row ma
du essen Fleisch (FP)
Isst du Fleisch?

3. Durch Wiederholung des Verbes bzw. Modalverbes (wollen, möchten etc.) in der verneinten Form:

nǐ chī bù chī ròu?
nie tschö bu tschö row
du essen nicht essen Fleisch
Isst du Fleisch?

*Für Europäer ist dies recht gewöhnungsbedürftig. Wenn es schnell gehen soll, können Sie sich auch mit den Worten „es ist" = **shì** schö bzw. „ist nicht" = **bú shì** bu schö behelfen.*

nǐ yào bú yào chī tāng?
nie jau bu jau tschö tang
du wollen nicht wollen essen Suppe
Willst du Suppe essen?

schon gegessen

Bei aller Einfachheit – auch in China kommt man nicht umhin, ab und an die Vergangenheitsform zu verwenden. Anstatt sich mit grammatikalischen Beugungsformen der Verben zu quälen, hängen die Chinesen kleine Silben an das Verb an, die anzeigen, dass die Handlung bereits vollzogen wurde.

Die wichtigsten Vergangenheitspartikel sind:

guo	guo	unbestimmte Vergangenheit
le	lö	Handlung ist abgeschlossen

Es werden auch beide Partikel angehängt:

nǐ chī guo le ma?
nie tschö guo lö ma
du essen (VP) (EP) (FP)
Hast du schon gegessen? = Wie geht's?

*In der Wort-für-Wort-Übersetzung werden die Vergangenheits-Partikel le und guo als (VP) dargestellt.
le kann auch als Endpartikel verwendet werden. Es ist dann als (EP) „übersetzt".*

mein, dein, sein ...

Um z. B. aus „ich" ein „mein" zu machen, hängt man die Partikel **de** dö an das Possessivpronomen (besitzanzeigendes Fürwort):

wǒ *ich* =>	**wǒ-de**	uo-dö	mein
nǐ *du* =>	**nǐ-de**	nie-dö	dein
tā *er/sie* =>	**tā-de**	ta-dö	sein/ihr
wǒ-men *wir* =>	**wǒ-men-de**	uo-mön-dö	unser
nǐ-men *ihr* =>	**nǐ-men-de**	nie-mön-dö	euer
tā-men *sie* =>	**tā-men-de**	ta-mön-dö	ihr

zhè shì wǒ-de zuì xǐ-huan de cài.
dschö schö uo-dö dsuäi chie-huan dö tsai
das ist mein am-meisten mögen Gericht
Das ist mein Lieblingsgericht.

Steht die Partikel **de** dö hinter einem Verb, hat man einen Relativsatz und das **de** wird meist mit das „was" übersetzt:

wǒ chī de fàn hěn hǎo.

uo tschö dö fan hön hau

ich essen (BP) Gericht sehr gut

Das was ich gegessen habe, ist sehr gut.

billig & gut

Wie im Deutschen werden Adjektive (Eigenschaftswörter) wie „billig" und „gut" vor das Wort gestellt, auf das sie sich beziehen, dazwischen müssen Sie nur das bekannte **de** dö einschieben.

zhè shì yí ge pián-yǐ de cài.

dschö schö ie gö piän-ie dö tsai

dies ist ein-Stück billig (BP) Gericht

Dies ist ein billiges Gericht.

Wenn das Substantiv (Hauptwort) am Satzanfang steht, geht es so:

zhè-ge cài hěn hǎo-chī de.

dschö-gö tsai hön hau-tschö dö

dies-Stück Gericht sehr gut-essen (BP)

Dieses Gericht schmeckt sehr gut.

eins, zwei, drei

Obwohl es für alle Zahlen chinesische Zeichen gibt, setzt sich der Gebrauch der arabischen Zahlen immer mehr durch. Dennoch möchten wir Ihnen schnell zeigen, wie man die Zahlen traditionell schreibt:

0	零	**líng**	ling
1	一 ／ 幺	**yī / yāo**	ie / jau
2	二 ／ 两	**èr ／ liǎng**	ör / liang
3	三	**sān**	ßan
4	四	**sì**	ßö
5	五	**wǔ**	u
6	六	**liù**	liow
7	七	**qī**	tjie
8	八	**bā**	ba
9	九	**jiǔ**	djiow
10	十	**shí**	schö
100	(一) 百	**(yì)-bǎi**	(ie)-bai
1.000	(一) 千	**(yì)-qiān**	(ie)-tjiän
10.000	(一) 万	**(yí)-wàn**	(ie)-uan

Bei der Angabe von Telefon-, Zimmer-, Busnummern etc. wird für „eins" meist nicht yī *ie sondern* yāo *jau verwendet. Für die Zahl „zwei" wird in der Regel bei Mengenangaben statt* èr *ör der Begriff* liǎng *liang verwendet:* liǎng bēi chá *liang bäi tscha „zwei Tassen Tee"*

Der Rest wird einfach aus den obigen Zahlen zusammengesetzt:

11	十一	**shí-yī**	schö-ie
12	十二	**shí-èr**	schö-er
13	十三	**shí-sān**	schö-ßan
20	二十	**èr-shí**	ör-schö
21	二十一	**èr-shí-yī**	ör-schö-ie
22	二十二	**èr-shí-èr**	ör-schö-ör
23	二十三	**èr-shí-sān**	ör-schö-ßan
30	三十	**sān-shí**	ßan-schö
40	四十	**sì-shí**	ßö-schö
100.000	十万	**shí-wàn**	schö-uan
1.000.000	百万	**bǎi-wàn**	bai-uan

Man kann Zahlen jedoch auch durch Handzeichen ausdrücken, schauen Sie einmal in der Umschlagsklappe nach!

Will man jetzt eine Ordnungszahl wie „erste, zweite" daraus machen, stellt man der Zahl die Silbe **dì** die voran:

1. (erste)	**dì-yī**	die-ie
2. (zweite)	**dì-èr**	die-ör
3. (dritte)	**dì-sān**	die-ßan

fàn-guǎn zài dì-yī lóu.
fan-guan tsai die-ie low
Restaurant in erste Etage
Das Restaurant ist in der ersten Etage.

eine Scheibe, zwei Gläser

Je gebildeter der Chinese, desto gekonnter setzt er die unzähligen Zählworte ein.

Ähnlich wie in „eine Scheibe Brot" oder „zwei Gläser Cola" muss im Chinesischen zwischen der Zahl und dem gezählten Wort fast immer eine „Maßeinheit" stehen.

Man unterscheidet zwischen Einheiten für langgezogene Dinge, flache Dinge, für Bücher, für Menschen und viele andere Kategorien. Glücklicherweise gibt es jedoch das Zählwort **ge** gö, das allgemein gültig ist und in der Umgangssprache problemlos für alles verwendet werden kann.

ge	gö	allgemein gültig
bǎ	ba	Dinge mit Griff
bēi	bäi	Tasse, für Getränke
kuài	kuai	Stück
shuāng	schuang	Paare
zhāng	dschang	Flache große Dinge

yí ge fàn-diàn
ie gö fan-diän
ein Stück Reis-Laden
ein Restaurant

yì bǎ dāo-zi
ie ba dau-dsö
ein Stück Messer
ein Messer

yì bēi kā-fēi
ie bäi ka-fäi
ein Tasse Kaffee
eine Tasse Kaffee

yí kuài dàn-gāo
ie kuai dan-gau
ein Stück Ei-Kuchen
ein Stück Kuchen

yì shuāng kuài-zi
ie schuang kuai-dsö
ein Paar Stäbchen
ein Paar Stäbchen

yì zhāng zhuō-zi
ie dschang dschuo-dsö
ein Fläche Tisch
ein Tisch

Literaturliste

Wenn Sie auf den Geschmack der chinesischen Küche gekommen sind, empfehlen wir Ihnen folgende Publikationen:

Diese Bücher und Schriften sind nicht über den Reise Know-How Verlag erhältlich. Bitte wenden Sie sich an Ihre Buchhandlung!

Die chinesische Küche – 200 Originalrezepte aus dem Reich der Mitte, Deh-Ta Hsiung, Heyne Verlag, München, 2001. ISBN: 3-89910-103-0 – *erläutert alle wichtigen Zutaten und Zubereitungsarten der chinesischen Küche.*

Essen wie in China, Ken Hom, Bechtermünz Verlag, Augsburg, 1996. ISBN: 3-86047-282-8 – *kein normales Kochbuch, sondern eine umfangreiche Erläuterung der Hintergründe der chinesischen Kochkunst, abgerundet von wirklichen Original-Rezepten der chinesischen Alltagsküche.*

Die echte chinesische Küche, Liu Zihua und Uli Franz, Gräfe und Unzer GmbH, München, 1992. ISBN: 3-7742-1265-1 – *gute Mischung aus praktischen Original-Rezepten und vielen Essays zu den verschiedenen regionalen Kochschulen.*

Wörterliste Deutsch – Chinesisch

Die folgenden Wortlisten stellen den kulinarischen Grundwortschatz aus diesem Bändchen dar. Die Einträge stehen jeweils nur in Pinyin-Chinesisch.

Im Chinesisch–Deutschen Teil sind die Pinyin-Einträge nach dem deutschen Alphabet geordnet und nicht nach Tönen, wie in der Fachliteratur!

A

Aal mán-yú
Abalone bào-yú
Abend wǎn-shàng
Abendessen wǎn-fàn
abgekochtes Wasser kāi-shuǐ
Alkohol jiǔ
Allergie guò-mǐn
alles dōu
alt jiù, lǎo
Ameisen mǎ-yǐ
an zài
Ananas bō-luó, fèng-lí
Apfel píng-guǒ
Aprikose xìng-zi
Aschenbecher yān-huī-gāng
Aubergine qié-zi
auch yě
auf zài-shàng
Auf Wiedersehen zài-jiàn
Ausgang chū-kǒu
Austernsoße háo-yóu

B

Bäckerei miàn-bāo-diàn
Bambussprossen zhú-sǔn
Banane xiāng-jiāo
Bananen-Eis xiāng-jiāo bīng-qí-lín
Bar jiǔ-ba
Baumohr-Pilze mù-ěr
bereits yǐ-jīng
Besteck cān-jù, dāo-chā
bestellen yù-dìng

Bier pí-jiǔ
billig pián-yi
Birne lí-zi
bisschen yì-diǎn
bitte qǐng
bitter kǔ
Blumenkohl huā-cài
Bohnensprossen dòu-yá
Brandy bái-lán-dì
braten zhá, kǎo, chǎo
Bratnudeln chǎo-miàn
Bratreis chǎo-fàn
brauchen xū-yào
bringen dài-lái
Brokkoli gài-lán
Brot miàn-bāo
Brötchen xiǎo miàn-bāo
Brühe gēng
Butter huáng-yóu

C

Café kā-fēi-tīng
Cashewnuss yāo-guǒ
Cheeseburger jí-shì hàn-bǎo bāo
Chef lǎo-bǎn
Chili là-jiāo
Chili-Pfeffer là-zi
Chinesisch (Sprache) zhōng-wén
chinesischer Lauch jiǔ-cài
Chrysanthementee jú-huā-chá
Cocktail jī-wěi-jiǔ
Croissant kě-sòng
Curry gā-lí

D

danke xiè-xie
Dattel zǎo-zi
dein nǐ-de
Deutschland dé-guó
Diabetes táng-niào-bìng
dies(es) zhè-ge
Dose guàn
dreckig zāng
drei „Frische" sān-xiān
du nǐ
duften xiāng
dünne Streifen sī
durchgebraten shú-tòu
dutzend, ein yì dá

E

Ehefrau tài-tai
Ehemann zhàng-fu
Ei jī-dàn
einfach jiǎn-dān
Eingang rù-kǒu
einige yì-xiē
einladen qǐng
Einladung yāo-qǐng
Einweg-Stäbchen
wèi-shēng kuài-zi
Eiscreme bīng-qí-lín
Eiswürfel bīng-kuài
Englisch yīng-wén
Ente yā
entscheiden jué-dìng
Entschuldigung duì-bu-qǐ
er tā
Erbsen wān-dòu
Erdbeere cǎo-méi
Erdbeer-Eis
cǎo-méi bīng-qí-lín

Erdnüsse huā-shēng
es tā
essen chī-fàn
Essig cù
etwas mehr duō yì diǎn
etwas weniger shǎo yì diǎn
euer nǐ-men-de

F

fade dàn
Fanta fēn-dá
fehlen quē-shǎo
Feigen wú-huā-guǒ
Fett gāo
Feuertopf huǒ-guō
Feuerzeug dǎ-huǒ-jī
finden zhǎo-dào
Fisch yú
Fischgeschmack yú-xiāng
Flasche píng
Fleisch ròu
Frau (Anrede) nǚ-shì
Fräulein xiǎo-jie
Freund péng-you
freundlich yǒu-hǎo
frisch xiān
frittiert zhá
froh gāo-xìng
Frosch wā, tián-jī
Fruchtsaft guǒ-zi-zhī
Frühstück zǎo-fàn

G

Gabel chā-zi
Gans é
Garnele xiā-rén
Garnelenfleisch xiā-rén
Gebäck bǐng-gān

gebacken kǎo
geben gěi
gebratene Nudeln
chǎo-miàn
gebratener Reis chǎo-fàn
gedämpft zhēng
Geflügel jiā-qín
gehen zǒu
gekocht zhǔ
gekochter Reis bái-fàn
Geld qián
gemischt shí-jǐn
gemischtes Gemüse
shū-cài
Gemüse cài
Genosse tóng-zhì
geräuchert xūn
Gericht cài
Geschmack wèi-dào
Geschmacksverstärker
wèi-jīng
Getränke yǐn-liào
getrennt fēn-kāi
Gin sōng-zi-jiǔ
Glas bō-li-bēi
Glasnudeln fēn-sī
Glutamat wèi-jīng
Gramm kè
groß dà
grün lǜ-sè
grüne Bohnen biǎn-dòu
grüner Paprika qīng-jiāo
grüner Tee lǜ-chá
grüner-Tee-Eis
lǜ-chá bīng-qí-lín
grünes Blattgemüse
qīng-cài
Guave xiāng-shí-liú, bā-lè
Gurke huáng-guā
gut hǎo

Wörterliste Deutsch – Chinesisch AZ

H

haben yǒu
Haferflocken mài-piàn
Haifischflossen yú-chì
Hälfte yí-bàn
Hamburger hàn-bǎo bāo
Hammel yáng
Handtuch máo-jīn
Hausmannsart, nach jiā-cháng
heiß rè
heiße Getränke rè-yǐn
heißen jiào
helfen bāng
Herr xiān-sheng
heute jīn-tiān
Hirse-Schnaps gāo-liáng-jiǔ
hoffen xī-wàng
Honig fēng-mì
Honigmelone hā-mì-guā
Huhn jī
Hühnerfüße jī-zhuǎ
Hummer lóng-xiā
Hund gǒu, xiāng-ròu
Hunger è

I

ich wǒ
ihr nǐ-men
ihr (Poss.) tā-de
Imbissbude xiǎo-chī-bù
in zài
in der Pfanne gebraten jiān
in Sojasoße sautiert jiàng-bào
in Sojasoße/Reiswein geschmort hóng-shāo

Ingwer jiāng
Innereien nèi-zhàng
Inneres von Blattgemüse cài-xīn
Instantkaffee sù-róng kāfēi

J

Jasmintee huā-chá
Jogurt suān-nǎi

K

Kaffee kāfēi
Kakao kě-kě
kalt lěng
kalte Getränke lěng-yǐn
kalte Speisen lěng-cài lèi
Karambola (Sternfrucht) yáng-táo
Karotte hú-luó-bo
Karpfen lǐ-yú
Kartoffeln tǔ-dòu
Käse nǎi-lào
Katze māo, hǔ
kaufen mǎi
Kekse bǐng-gān
Kellner fú-wù-yuán
kennen lernen rèn-shi
Ketchup fān-qié jiāng
Keule tuǐ
Khaki shì-zi
Kilo gōng-jīn
Kirsche yīng-táo
Kiste/Karton hé-zi
klein xiǎo
Knoblauch suàn
Knusperreis guō-bā
kochen shāo, zhǔ

koffeinfreier Kaffee méi-yǒu kā-fēi-yīn de kā-fēi
Kognak fǎ-guó bái-lán-dì
Kohlensäure qì
Kokosmilch yēnǎi
Kokosnuss yē-zi
kommen lái
können (dürfen) kě-yǐ
können (fähig) néng
können (wissen) huì
Koriander xiāng-cài
Kotelett pái-gǔ
Krabben xiè, xiā
Krebs páng-xiè
Kreditkarte xìn-yòng-kǎ
Kuchen dàn-gāo
Kunde gù-kè
Kürbis nán-guā
kurz gebraten chǎo

L

Laden shāng-diàn
Lamm xiǎo-yáng
Lammkeule yáng-tuǐ
langsam màn
Languste lóng-xiā
Lauch qīng-suàn
Leber gān
lecker hǎo-chī
legen fàng
Likör tián-jiǔ
Limonade qì-shuǐ
links zuǒ-biān
Liter shēng
Litschi lì-zhī
Löffel chí
lokale Spezialitäten dì-fāng míng-cài
Longan-Frucht lóng-yǎn

Loquat pí-pa
Lotussamen lián-zi
Lotuswurzel ǒu

M

machen zuò
Mais yù-mǐ
Majonäse dàn-huáng jiāng
Manager jīng-lǐ
Mandarine jú-zi
Mandel xìng-rén
Mango máng-guǒ
Margarine zhí-wù-yóu
Markt shì-chǎng
Marmelade guǒ-jiàng
Meeresfrüchte hǎi-wèi
mehr (Steigerung) bǐ-jiào
mein wǒ-de
Messer dāo-zi
Milch niú-nǎi
Milchkaffee niú-nǎi kā-fēi
Mineralwasser
kuàng-quán-shuǐ
Mirinda méi-nián-dá
mit Kohlensäure yǒu qì
Mittag zhōng-wǔ
mögen xiǎng
Mokka mó-kǎ
morgen míng-tiān
Mungobohnen lǜ-dòu
Muscheln xiān-bèi
müssen yīng-gāi

N

Nachmittag xià-wǔ
Name xìng
Nudeln miàn-tiáo

Nudelsuppe miàn-tāng
Nüsse jiān-guǒ

O

Obst shuǐ-guǒ
ohne Kohlensäure
méi yǒu qì
Öl yóu
Ölgemüse yóu-cài
Omlette jiān jī-dàn
Oolong Tee wū-lóng-chá
Orange chén-zi
Orangensaft jú-zi-zhī
Österreich ào-dì-lì

P

Paar, ein yì-shuāng
Packung bāo
Pampelmuse yòu-zi
Papaya mù-guā
Partner nán péng-you
Partnerin nǚ péng-you
Passionsfrucht (Maracuja)
bǎi-xiāng-guǒ
Pepsi bǎi-shì kě-lè
Pfeffer hú-jiāo
Pfirsich táo-zi
Pflaume lǐ-zi
Pflaumenwein méi-jiǔ
Pfund shì-jīn
Pilze mó-gu
Pizza bǐ-sà
Pommes frites tǔ-dòu-tiáo,
shǔ-tiáo
Portion yí-fèn
Preis jià-gé
probieren cháng
Prost gān-bēi

Pute huǒ-jī

Q/R

Qualle hǎi-zhé
Raps pá-cài
rauchen chōu-yān
Rechnung jié-zhàng
rechts yòu-biān
Reis mǐ-fàn
Reis (gebraten) chǎo-fàn
Reis (gekocht) bái-fàn
Reisbrei dà-mǐ-zhōu
Reisnudeln mǐ-fěn
Reiswein huáng-jiǔ
reservieren yù-dìng
Restaurant fàn-guǎn,
fàn-diàn
Rettich luó-bo
Rind niú
Rindfleisch niú-ròu
Rippchen pái-gǔ
rot hóng
Rotwein hóng pú-táo-jiǔ
Rum luó-mù-jiǔ

S

Sache dōng-xi
Saft guǒ-zhī
sagen shuō
Sahne nǎi-yóu
Salat shā-lā
Salatdressing shā-lā jiāng
Salz yán
salzig xián
Sandwich sān-míng-zhì
satt chī-bǎo
sauer suān
sauer-scharf suān-là

schälen bō-pí
scharf là
Scheibe piàn
Schildkröte jiǎ-yú
Schinken huǒ-tuǐ
Schlange shé, lóng
schlecht bù-hǎo
schmecken, gut hǎo-chī
schmoren shāo
Schnaps bái-jiǔ, liè-jiǔ
schneiden qiē
Schokolade qiǎo-kè-lì
Schokoladen-Eis
qiǎo-kè-lì bīng-qí-lín
Schüssel wǎn
Schwalbennest yán-wō
schwarz hēi
Schwarzbrot hēi-miàn-bāo
Schwarzer Tee hóng-chá
Schwein zhū
Schweinefleisch zhū-ròu
Schweinemagen zhū-dǔ
Schweiz ruì-shì
sehr hěn, fēi-cháng
Seife féi-zào
sein (Poss.) tā-de
Sekt xiāng-bīn-jiǔ
Sellerie qín-cài
Senf jiè-mo
Senfgemüse jiè-cài
servieren fú-wù
Serviette cān-jīn
Sesam má
Sesamöl má-yóu
Sherry xuě-lì-jiǔ
Shitake dōng-gū
sie (Mehrzahl) tā-men
Sodawasser
(mit Kohlensäure)
sū-dǎ-shuǐ

sofort mǎ-shàng
Sohn ér-zi
Sojabohnen huáng-dòu
Sojabohnenmilch
dòu-jiāng
Sojabohnensprossen
dòu-yá
Sojasoße jiàng-yóu
sollen yīng-gāi
Soße jiàng
Spargel lú-sǔn
Spesekarte cài-dān
Spinat bō-cài
sprechen jiǎng, shuō
Sprite xuě-bì
Spucknapf tán-yú
Stäbchen kuài-zi
Strohhalm xī-guǎn
Stück kuài
Stunde xiǎo-shí
suchen zhǎo
Suppe tāng
süß tián
Süßkartoffel gān-shǔ
süß-sauer táng-cù
Süßstoff táng-jīng

T

Tablett tuō-pán
Tasche dài-zi
Tasse bēi-zi
Tee chá
Tee, schwarz hóng-chá
Teekanne chá-hú
Teelöffel chá-chí
Teigtaschen jiǎo-zi
Teller pán-zi
teuer guì
Thermoskanne rè-shuǐ-píng

Tintenfisch mò-yú
Tisch zhuō-zi
Tischdecke tái-bù
Toastbrot
kǎo-miàn-bāo-piàn, tǔ-sī
Tochter nǚ-ér
Tofu dòu-fu
Toilette cè-suǒ
Toilettenpapier
wèi-shēng-zhǐ
Tomate fān-qié, xī-hóng-shí
Topf guō
Trauben pú-táo
treffen jiàn-miàn
trinken hē
Trinkgeld xiǎo-fèi
Trockenfleisch ròu-gān
Trockenfleischfasern
ròu-sōng
Trockenobst shuǐ-guǒ-gān
Tüte dài-zi

U/V

unser wǒ-men-de
Vanille xiāng-cǎo
Vanille-Eis
xiāng-cǎo bīng-qí-lín
vegetarisch sù-cài
Ventilator shàn-zi
vergleichen bǐ-jiào
verstehen dǒng
viel duō
vielleicht kě-néng
vier sì
Viertel, ein sì fēn zhī yī
vierzig sì-shí
vollständig wán-quán
vorbereiten zhǔn-bèi
Vorname míng-zi

Wörterliste Chinesisch – Deutsch

vorstellen jiè-shào

Walnuss hé-tao
wann shén-me shí-hou
warm rè
warme Speisen rè-cài lèi
warten děng
was shén-me
Wasser shuǐ
Wasserkastanien bí-qi
Wassermelone xī-guā
Wechselgeld zhǎo líng-qián
weggehen zǒu
weich ruǎn
weichgekochtes Ei nèn dàn
Wein pú-táo-jiǔ
Weintrauben pú-táo-chuàn
weiß bái
weiße Morcheln yín-ěr
Weisskohl bái-cài
Weißwein bái pú-táo-jiǔ
wenig shǎo
weniger shǎo yì-diǎn
wer shéi
Whisky wēi-shì-jì
wie viel duō-shao
wieso wèi-shén-me
willkommen huān-yíng
Winter-Bambussprossen dōng-sǔn
wir wǒ-men
wo? nǎ-li
Wodka fú-tè-jiā
wollen yào
Würfel dīng

würzen tiáo-wèi
Wurst xiāng-cháng

zahlen fù
Zahnstocher yá-qiān
Zeit shí-jiān, shí-hou
Ziege yáng
Zigaretten xiāng-yān
Zimt ròu-guì
Zitrone níng-méng
zu sehr tài
Zucker táng
Zuckerrohr gān-zhe
zusammen yì-qǐ
zweimal gebraten huí-guō
Zwieback miàn-bāo-gān
Zwiebel yáng-cōng, cōng-tóu

ào-dì-lì Österreich
bā acht
bā-lè Guave
bā-shí achtzig
bái weiß
bái-cài Weisskohl
bái-fàn gekochter Reis
bái-jiǔ Schnaps
bái-lán-dì Brandy
bái pú-táo-jiǔ Weißwein
bǎi-shì kě-lè Pepsi
bǎi-xiāng-guǒ Passionsfrucht (Maracuja)
bāng helfen
bāo Packung
bào-yú Abalone (Meeresschnecke)
bēi-zi Tasse
bǐ-jiào mehr (Steigerung)
bí-qi Wasserkastanien
bǐ-sà Pizza
biān-dòu grüne Bohnen
bié de der/die/das andere
bǐng-gān Kekse, Gebäck
bīng-kuài Eiswürfel
bīng-qí-lín Eiscreme
bō-cài Spinat
bō-li-bēi Glas
bō-luó Ananas
bō-pí schälen
bù-hǎo schlecht

cài Gemüse, Gericht

cài-dān Speisekarte
cài-xīn inneres Stück eines Blattgemüses
cān-jīn Serviette
cān-jù Besteck
cǎo-méi Erdbeere
cǎo-méi bīng-qí-lín Erdbeer-Eis
cè-suǒ Toilette
chá Tee
chá-chí Teelöffel
chá-hú Teekanne
chā-zi Gabel
chǎo kurz gebraten
chǎo-fàn gebratener Reis
chǎo-miàn gebratene Nudeln
cháng probieren
chén-zi Orange
chí Löffel
chī-bǎo satt
chī-fàn essen
chōu-yān rauchen
chū-kǒu Ausgang
cōng-tóu Zwiebel
cù Essig

D

dà groß
dǎ-huǒ-jī Feuerzeug
dà-mǐ-zhōu Reisbrei
dài-lái bringen
dài-zi Tasche, Tüte
dàn fade
dàn-gāo Kuchen
dàn-huáng jiàng Majonäse
dāo-chā Besteck
dāo-zi Messer
dé-guó Deutschland

děng warten
dì-fāng míng-cài lokale Spezialitäten
dīng Würfel
dǒng verstehen
dōng-gū Shitake
dōng-sǔn Winter-Bambussprossen
dōng-xi Sache
dōu alles
dòu-fu Tofu
dòu-jiāng Sojabohnenmilch
dòu-yá Bohnensprossen
duì-bu-qǐ Entschuldigung
duō viel
duō-shao wie viel
duō yí diǎn etwas mehr

E

é Gans
è Hunger
èr zwei
èr-shí zwanzig
ér-zi Sohn

F

fǎ-guó bái-lán-dì Kognak
fàn-diàn Restaurant
fàn-guǎn Restaurant
fān-cié Tomate
fān-cié jiāng Ketchup
fàng legen
fēi-cháng sehr
féi-zào Seife
fēn-dá Fanta
fēn-kāi getrennt
fēn-sī Glasnudeln
fèng-lí Ananas

fēng-mì Honig
fù zahlen
fú-tè-jiā Wodka
fú-wù servieren
fú-wù-yuán Kellner

G

gā-lí Curry
gān Leber
gān-bēi Prost
gān-shǔ Süßkartoffel
gān-zhe Zuckerrohr
gāo-liáng-jiǔ Hirse-Schnaps
gāo-xìng froh
gěi geben
gēng Brühe
gōng-jīn Kilo
gǒu Hund
gù-kè Kunde
guàn Dose
guì teuer
guō Topf
guō-bā Knusperreis
guǒ-jiàng Marmelade
guò-mǐn Allergie
guǒ-zhī Saft
guǒ-zi-zhī Fruchtsaft

H

hā-mì-guā Honigmelone
hǎi-wèi Meeresfrüchte
hǎi-zhé Qualle
hàn-bǎo bāo Hamburger
hǎo gut
hǎo-chī lecker
háo-yóu Austernsoße
hē trinken

hé-tao Walnuss
hé-zi Kiste/Karton
hēi schwarz
hēi-miàn-bāo Schwarzbrot
hěn sehr
hóng rot
hóng-chá Schwarzer Tee
hóng pú-táo-jiǔ Rotwein
hóng-shāo in Sojasoße und
Reiswein geschmort
hǔ Katze
hú-jiāo Pfeffer
hú-luó-bo Karotte
huā-cài Blumenkohl
huā-chá Jasmintee
huā-shēng Erdnüsse
huān-yíng willkommen
huáng-dòu Sojabohnen
huáng-guā Gurke
huáng-jiǔ Reiswein
huáng-yóu Butter
huì können (wissen)
huí-guō zweimal gebraten
huǒ-guō Feuertopf
huǒ-jī Pute
huǒ-tuǐ Schinken

J

jī Huhn
jī-dàn Ei
jí-shì hàn-bǎo bāo
Cheeseburger
jī-wěi-jiǔ Cocktail
jī-zhuǎ Hühnerfüße
jiā-cháng nach
Hausmannsart
jià-gé Preis
jiā-qín Geflügel
jiǎ-yú Schildkröte

jiān in der Pfanne gebraten
jiǎn-dān einfach
jiān-guǒ Nüsse
jiān jī-dàn Omlette
jiàn-miàn treffen
jiāng Ingwer
jiǎng sprechen
jiàng Soße
jiàng-bào in Sojasoße
sautiert
jiàng-yóu Sojasoße
jiào heißen
jiǎo-zi Teigtaschen
jiè-cài Senfgemüse
jiè-mo Senf
jiè-shào vorstellen
jié-zhàng Rechnung
jīn-tiān heute
jīng-lǐ Manager
jiù alt
jiǔ Alkohol
jiǔ neun
jiǔ-ba Bar
jiǔ-cài chinesischer Lauch
jiǔ-shí neunzig
jú-huā-chá
Chrysanthementee
jú-zi Mandarine
jué-dìng entscheiden

K

kā-fēi Kaffee
kā-fēi-tīng Café
kāi-shuǐ abgekocht. Wasser
kǎo gebacken, gegrillt
kǎo-miàn-bāo-piàn
Toastbrot
kè Gramm
kě-kě Kakao

kě-néng vielleicht
kě-sòng Croissant
kě-yǐ können (dürfen)
kǔ bitter
kuài Stück
kuài-zi Stäbchen
kuàng-quán-shuǐ
Mineralwasser

L

là scharf
là-jiāo Chili
là-zi Chili/Pfeffer
lái kommen
lǎo alt
lǎo-bǎn Chef
lěng kalt
lěng-cài lèi kalte Speisen
lěng-yǐn kalte Getränke
lǐ-yú Karpfen
lì-zhī Litschi
lí-zi Birne
lǐ-zi Pflaume
lián-zi Lotussamen
liè-jiǔ Schnaps
liù sechs
liù-shí sechzig
lóng Schlange
lóng-xiā Hummer, Languste
lóng-yǎn Longan-Frucht
lóu-céng Etage, Stockwerk
lǜ-chá grüner Tee
lǜ-chá bīng-qí-lín
grüner-Tee-Eis
lǜ-sè grün
lǜ-dòu Mungobohnen
lú-sǔn Spargel
luó-bo Rettich
luó-mù-jiǔ Rum

M

má Sesam
mǎ-shàng sofort
mǎ-yǐ Ameisen
má-yóu Sesamöl
mǎi kaufen
mài verkaufen
mài-piàn Haferflocken
màn langsam
mán-yú Aal
máng-guǒ Mango
māo Katze
máo-jīn Handtuch
méi-jiǔ Pflaumenwein
méi-nián-dá Mirinda
méi-yǒu kā-fēi-yīn de kā-fēi koffeinfreier Kaffee
méi-yǒu qì ohne Kohlensäure
mǐ-fàn Reis
mǐ-fěn Reisnudeln
miàn-bāo Brot
miàn-bāo-diàn Bäckerei
miàn-bāo-gān Zwieback
miàn-tāng Nudelsuppe
miàn-tiáo Nudeln
míng-tiān morgen
míng-zi Vorname
mó-gu Pilze
mó-kǎ Mokka
mò-yú Tintenfisch
mù-ěr Baumohr-Pilze
mù-guā Papaya

N

nǎ-li wo?
nǎi-lào Käse
nǎi-yóu Sahne
nán-guā Kürbis
nán péng-you Partner
nèi-zhàng Innereien
nèn dàn weichgekochtes Ei
néng können (fähig)
nǐ du
nǐ-de dein
nǐ-men ihr
nǐ-men de euer
níng-méng Zitrone
niú Rind
niú-nǎi Milch
niú-nǎi kā-fēi Milchkaffee
niú-ròu Rindfleisch
nǚ-ér Tochter
nǚ péng-you Partnerin
nǚ-shì Frau (Anrede)

O/P

ǒu Lotuswurzel
pá-cài Raps
pái-gǔ Kotelett, Rippchen
pán-zi Teller
páng-xiè Krebs
péng-you Freund
pí-jiǔ Bier
pí-pá Loquat
piàn Scheibe
pián-yi billig
píng Flasche
píng-guǒ Apfel
pú-táo Trauben
pú-táo-chuàn Weintrauben
pú-táo-jiǔ Wein

Q

qī sieben
qì Kohlensäure
qī-shí siebzig
qì-shuǐ Limonade
qián Geld
qiǎo-kè-lì Schokolade
qiǎo-kè-lì bīng-qí-lín Schokoladen-Eis
qiē schneiden
qié-zi Aubergine
qín-cài Sellerie
qǐng bitte, einladen
qīng-cài grünes Blattgemüse
qīng-jiāo grüner Paprika
qīng-suàn Lauch
quē-shǎo fehlen

R

rè heiß, warm
rè-cài lèi warme Speisen
rèn-shi kennenlernen
rè-shuǐ-píng Thermoskanne
rè-yǐn heiße Getränke
ròu Fleisch
ròu-gān Trockenfleisch
ròu-guì Zimt
ròu-sī Fleischstreifen
rù-kǒu Eingang
ruì-shì Schweiz

S

sān drei
sān-míng-zhì Sandwich
sān-shí dreißig
sān-xiān drei „Frische“: Gemüse, Meeresfrüchte und Fleisch)
shā-lā Salat

shā-lā jiāng Salatdressing
shàn-zi Ventilator
shāng-diàn Laden
shāo schmoren, kochen
shǎo wenig
shǎo yì diǎn etwas weniger
shé Schlange
shéi wer
shēn-chá Ginseng-Tee
shén-me was
shén-me shí-hou wann
shēng Liter
shí zehn
shì-chǎng Markt
shí-hou Zeit
shì-jīn Pfund
shí-jīn gemischt
shí-jiān Zeit
shì-zi Khaki
shū-cài gemischtes Gemüse
shǔ-tiáo Pommes frites
shuǐ Wasser
shuǐ-guǒ Obst
shuǐ-guǒ-gān Trockenobst
shú-tòu durchgebraten
shuō sagen
sì vier
sī dünne Streifen
sì fēn zhī yī ein Viertel
sì-shí vierzig
sōng-zi-jiǔ Gin
sù-cài vegetarisch
sū-dǎ-shuǐ Sodawasser (mit Kohlensäure)
sù-róng kāfēi Instantkaffee
suān sauer
suàn Knoblauch
suān-là sauer-scharf
suān-nǎi Jogurt

T

tā er, sie, es
tā-de sein, ihr (Possessiv.)
tā-men sie (Mehrzahl)
tài zu sehr
tái-bù Tischdecke
tài-tai Ehefrau
tán-yú Spucknapf
tāng Suppe
táng Zucker
táng-cù süß-sauer
táng-jīng Süßstoff
táng-niào-bìng Diabetes
táo-zi Pfirsich
tián süß
tián-jī Frosch
tián-jiǔ Likör
tóng-zhì Genosse
tǔ-dòu Kartoffeln
tǔ-dòu-tiáo Pommes frites
tǔ-sī Toastbrot
tuǐ Keule
tuō-pán Tablett

W

wā Frosch
wǎn Schüssel
wǎn-dòu Erbsen
wǎn-fàn Abendessen
wán-quán vollständig
wǎn-shàng Abend
wèi-dào Geschmack
wèi-jīng Glutamat, Geschmacksverstärker
wèi-kǒu Appetit
wèi-shén-me wieso
wèi-shēng kuài-zi Einweg-Stäbchen

wèi-shēng-zhǐ Klopapier
wēi-shì-jì Whisky
wǒ ich
wǒ-de mein
wǒ-men wir
wǒ-men-de unser
wǔ fünf
wǔ-shí fünfzig
wú-huā-guǒ Feigen

X

xī-guā Wassermelone
xī-guǎn Strohhalm
xī-hóng-shí Tomate
xī-wàng hoffen
xiā Garnelen, Krabben
xiā-rén Garnelenfleisch
xià-wǔ Nachmittag
xiān frisch
xián salzig
xiān-bèi Muscheln
xiān-sheng Herr
xiāng duften
xiǎng mögen
xiāng-bīn-jiǔ Sekt
xiāng-cài Koriander
xiāng-cǎo Vanille
xiāng-cǎo bīng-qí-lín Vanille-Eis
xiāng-cháng Wurst
xiāng-jiāo Banane
xiāng-jiāo bīng-qí-lín Bananen-Eis
xiāng-ròu Hund
xiāng-shí-liú Guave
xiāng-yān Zigaretten
xiǎo klein
xiǎo-chī-bù Imbissbude
xiǎo-fèi Trinkgeld

xiǎo-jie Fräulein
xiǎo miàn-bāo Brötchen
xiǎo-shí Stunde
xiǎo-yáng Lamm
xiè Krabben
xiè-xie danke
xìn-yòng-kǎ Kreditkarte
xìng Name
xìng-rén Mandel
xìng-zi Aprikose
xū-yào brauchen
xuě-bì Sprite
xuě-lì-jiǔ Sherry
xūn geräuchert

Y

yā Ente
yá-qiān Zahnstocher
yán Salz
yān-huī-gāng Aschenbecher
yàn-wō Schwalbennest
yáng Hammel, Ziege, Schaf
yáng-cōng Zwiebel
yáng-táo Karambola (Sternfrucht)
yáng-tuǐ Lammkeule
yào wollen
yāo-guǒ Cashewnuss
yāo-qǐng Einladung
yě auch
yē-nǎi Kokosmilch
yē-zi Kokosnuss
yī eins
yì-bǎi hundert
yí-bàn Hälfte
yì dá ein Dutzend
yì-diǎn bisschen
yí fèn Portion

yì-jīng bereits
yì-qǐ zusammen
yì-shuāng ein Paar
yì xiē einige
yín-ěr weiße Morcheln
yǐn-liào Getränke
yīng-gāi müssen, sollen
yīng-táo Kirsche
yīng-wén Englisch
yǒu haben
yóu Fett, Öl
yòu-biān rechts
yóu-cài Ölgemüse
yǒu qì mit Kohlensäure
yòu-zi Pampelmuse
yú Fisch
yú-chì Haifischflossen
yù-dìng bestellen, reservieren
yù-mǐ Mais
yú-xiāng Fischgeschmack

Z

zài an, in, auf
zài-jiàn Auf Wiedersehen
zāng dreckig
zǎo-fàn Frühstück
zǎo-zi Dattel
zhá frittiert, braten
zhǎo suchen
zhǎo-dào finden
zhàng-fu Ehemann
zhè-ge dies(es)
zhēng gedämpft
zhī Saft
zhī-fáng Speck
zhí-wù-yóu Margarine
zhōng-wén Chinesisch
zhōng-wǔ Mittag

zhū Schwein
zhǔ kochen, gekocht
zhū-dǔ Schweinemagen
zhū-ròu Schweinefleisch
zhú-sǔn Bambussprossen
zhǔn-bèi vorbereiten
zhuō-zi Tisch
zǒu gehen, weggehen
zuò machen
zuǒ-biān links

Die Autorinnen

Kennen gelernt haben sich die Sinologinnen Françoise Hauser, Jahrgang 1967, und Katharina Sommer, Jahrgang 1958, während des Studiums in der Mensa der Universität Nanjing/China. Gegessen haben die beiden jedoch meist außerhalb des Campus und konnten in dieser Zeit und auch auf vielen späteren Reisen nach China ausgiebig Material für diesen kulinarischen Führer sammeln. Beide sind heute als freie Journalistinnen mit dem Schwerpunkt Asien/Osteuropa tätig.